_____ 님의 소중한 미래를 위해

이 책을 드립니다.

너무 외로운
사람들을
위한 책

너무 외로운 사람들을 위한 책

오시마 노부요리 지음
이유진 옮김

함께 있어도 외로운
당신을 위한 심리처방전

메이트북스

메이트북스 우리는 책이 독자를 위한 것임을 잊지 않는다.
우리는 독자의 꿈을 사랑하고,
그 꿈이 실현될 수 있는 도구를 세상에 내놓는다.

너무 외로운 사람들을 위한 책

초판 1쇄 발행 2020년 11월 10일 | **지은이** 오시마 노부요리
펴낸곳 ㈜원앤원콘텐츠그룹 | **펴낸이** 강현규 · 정영훈
책임편집 오희라 | **편집** 안정연 · 유지윤 | **디자인** 최정아
마케팅 김형진 · 차승환 · 정호준 | **경영지원** 최향숙 · 이혜지 | **홍보** 이선미 · 정채훈
등록번호 제301-2006-001호 | **등록일자** 2013년 5월 24일
주소 04607 서울시 중구 다산로 139 랜더스빌딩 5층 | **전화** (02)2234-7117
팩스 (02)2234-1086 | **홈페이지** www.matebooks.co.kr | **이메일** khg0109@hanmail.net
값 14,000원 | **ISBN** 979-11-6002-307-7 03190

이 도서의 국립중앙도서관 출판시도서목록(CIP)은 e-CIP홈페이지(http://www.nl.go.kr/ecip)에서
이용하실 수 있습니다.(CIP제어번호 : CIP2020043195)

세상에서 가장 강한 사람은
외로움 속에서도 혼자 서는 사람이다.

• 헨릭 입센Henrik Ibsen(노르웨이 극작가) •

나만 외로운 것 같아
힘든 당신에게!

밖으로 나가면 다들 행복한 것 같고, 나만 외로운 것 같습니다. 친구들과 함께 웃고 이야기를 나누며 시간을 보내도 나중에 공허한 마음과 함께 '외로움'이 밀려듭니다.

나만 일을 못한다고 느끼기 때문에 뒤처지지 않도록 최선을 다하고 있습니다. 계속 참으며 상대에게 노력했음에도 상대방은 차가운 태도를 보이고, 나는 분노와 쓸쓸함을 느낍니다.

외로워지면 마음에 구멍이 뻥 뚫린 것 같은 기분입니다. 어떻게 해야 할지도 모르겠습니다.

외로움을 없애기 위해 참고 노력하며 주변을 신경 쓰지만 아무도 알아주지 않습니다. 게다가 어째서인지 일을 할 때 자꾸 까다로운 사람과 얽히고, 가족 때문에 힘이 듭니다. 대체 왜 그럴까요? 마음 속 외로움을 없애고, 불쾌한 느낌에서 해방되는 방법이 있을까요?

"'외로움'을 없애고, 불쾌한 감각에서 벗어나는 방법을 알고 싶습니다."

"인간관계에서 항상 참으며 주변을 배려하는 인생을 바꾸고 싶습니다."

"가족이 있어도 '외로움'을 느끼고, 슬픔이나 분노가 치밀어 오르는 것을 해결하고 싶습니다."

이렇게 고민하고, 이렇게 생각하는 분들은 이 책을 꼭 읽어보세요. 마음이 편안해지고 일체감을 느낄 수 있는 새로운 세상이 펼쳐집니다.

• 차례 •

들어가며_ 나만 외로운 것 같아 힘든 당신에게! 6

1장

외로움을 이해하면
외롭지 않다

외로움이란 무엇인가? 15

나만 외롭다고 생각하면 많은 문제가 발생한다 25

외롭다는 생각이 원인이다 33

외로움은 왜 즐겁지 않은 일일까? 39

나의 외로움을 알면 내일이 보인다 46

외로움을 없애기 54

(2장)

기분이 나쁜 사람은
단지 외로울 뿐이다

다른 사람들의 행복으로 인해 침울해지는 이유 69

외로움 때문에 파괴적인 성격으로 변하는 이유 76

타인의 외로움에 휘둘리지 않기 위해 83

상대방의 외로움이 암시하는 것 91

반성을 하면 왜 '그 사람'이 싫어질까? 98

반성을 반복하다 보면 타인에 대한 증오가 자라난다 104

분노 뒤에는 반성하는 마음이 숨겨져 있다 111

(3장)

'나만'이라는 생각을 없애면
외로움은 사라진다

외로움의 색을 구분하면 마음이 점점 차분해진다 121

외로움이라는 선글라스로 보면 세상이 다르게 보인다 128

당신을 괴롭게 하는 그 사람에게도 외로움이 내재되어 있다 135

그 누구라도 사실은 모두 똑같다 142

외로움이라는 빛이 사라지면 마음속이 평온해진다 149

어린 시절의 외로움을 깨달으면 과거도 달라진다 156

'나만'이라는 생각을 없애면 마음이 평온해진다 163

（4장）

가족, 동료, 연인의 외로움에
대처하는 방법

항상 나에게 심한 말을 하는 엄마 173

나에게만 강하게 반론하는 동료 181

아내에게 가치관을 강요하는 남편 188

불리하면 눈물을 흘리는 연인 195

인사를 해도 무시하는 회사 선배 203

· 외로움이란 무엇인가?

· 나만 외롭다고 생각하면 많은 문제가 발생한다

· 외롭다는 생각이 원인이다

· 외로움은 왜 즐겁지 않은 일일까?

· 나의 외로움을 알면 내일이 보인다

· 외로움을 없애기

1장

외로움을 이해하면
외롭지 않다

외로움이란
무엇인가?

외로움은 혼자 있을 때 느끼는 것이 아닙니다.
사람이 가까이에 있을 때도 외로움을 느낍니다.

어린 시절, 자다가 일어났더니 부모님이 집에 계시지 않
아 "엄마 아빠가 없어졌어!"라며 혼자 울부짖었던 적이 있었
습니다. 그때 왜 울었을까, 곰곰이 생각해보니 아무래도 저는
이웃에게 도움을 요청하기 위해 그랬던 것 같습니다. 어린
시절 제가 느꼈던 외로움이라는 공포로부터 해방되기 위해
서 말이죠.

그후 제가 이웃들에게 도움을 받았는지는 확실히 기억나

지 않습니다. 한 이웃이 창문 너머에서 울고 있는 저를 발견하고 도와주려고 했지만 저는 창문을 열 수 없었습니다. 이웃이 열심히 창문 여는 법을 제게 알려주었지만, 저는 어마어마한 외로움으로 인한 패닉 상태에 빠져 있었기 때문에 그저 "으앙!" 하고 울부짖기만 했습니다. 이웃의 설명을 결국 이해하지 못했고, 창문을 열어주지도 못했습니다.

나중에 부모님이 돌아오신 뒤 이웃은 제가 울었던 것에 대해 부모님께 설명했습니다. 그 이야기를 들은 부모님은 어이가 없다는 표정을 지으셨고, 저는 부모님께 크게 혼이 났습니다.

어린 시절의 저는 '나 말고 아무도 없다'는 고립감으로 인해 자주 패닉 상태에 빠졌습니다. 제가 유치원에 다닐 무렵 어머니는 일을 시작하셨고, 저는 유치원 정원에 있던 그네에 오도카니 앉아 늦게까지 어머니를 기다리며 외로움을 느꼈습니다. 내 곁엔 아무도 없고, 누구도 나와 놀아주지 않고, 아무도 나를 상대해주지 않는다는 데서 외로움을 느끼고, 가슴 속이 뻥 뚫린 것만 같은 기분이 들었습니다.

초등학교에 입학한 후에도 이와 비슷한 경험을 했습니다.

선생님이 "자! 좋아하는 사람들끼리 조를 만들어볼까요?"라고 했을 때 저는 덩그러니 남겨졌고, 외로움을 느껴 엉엉 울었던 것입니다. 같은 반 친구들 앞에서 제가 교과서를 잘못 읽었을 때 친구들이 "에~ 틀렸대요!"라고 놀리면 저는 부끄러움과 외로움을 느껴 울면서 갑자기 교실을 뛰쳐나가기도 했습니다.

'외로움'이라고 하면 흔히 '오직 나 혼자'일 때 느끼는 감정일 것이라고 생각하기 쉽습니다. 하지만 실제로 외로움이란 곁에 누군가가 있어도 아무도 나를 도와주지 않는다든지, 나를 이해해주지 않을 것이라고 생각할 때 느껴지는 감정입니다.

마찬가지로 어렸을 때 저는 '아무도 나를 상대해주지 않고 놀아주지 않는다'라는 생각이 들면 외로움을 느꼈습니다. 학교에서 '내 편은 아무도 없어'라든지 혹은 '아무도 나를 이해해주지 않아'라는 생각이 들었을 때 외로움이 더욱 강렬했던 것입니다.

유소년기에 부모님이 안 계셔서 울었을 때도 마찬가지입니다. 그때 제가 패닉을 일으켰던 것은 '이웃집은 저렇게 가족들이 다 같이 모여 있고 화목해 보이는데, 그에 비해 우리 집은 왜 그럴까'라는 생각에 울음을 터뜨렸던 것입니다.

외로움은 '혼자 있을 때 느끼는 마음'이 아닙니다. 근처에 누군가가 있을 때도 외로움을 느낄 수 있는데, 그때의 외로움이 혼자 있을 때의 외로움보다 더욱 강렬합니다.

어른이 된 후 휴일을 혼자 보낼 때면 '혼자라서 쓸쓸하다'라는 생각을 할 때도 있습니다. 하지만 학회모임이나 친구모임 등 사람들이 몰려 있는 곳에 갔을 때, 모두들 즐겁게 이야기를 하는 상황에서 나만 고립되어 혼자인 것 같을 때 느껴지는 외로움이, 그냥 집에서 혼자 있을 때의 고독감보다 더욱 강렬합니다.

다른 사람의 발표는 많은 사람들이 들으러 오는데 나의 발표는 아무도 들으러 오지 않는 상황이 생길 경우, 마음이 몹시 상해 고통스럽다고 느껴질 만큼의 외로움을 느끼게 됩니다. 다 큰 어른임에도 어린 시절 느꼈던 것과 똑같은 '외로움'을 느끼는 것입니다.

다른 누군가가 곁에 있어도
느껴지는 외로움

외로움을 느끼면 마음속에 구멍이 뻥 뚫린 것 같은 비참한 기분이 들고, 어찌할 바를 모르게 됩니다. 그리고 그러한 감각을 어떻게든 메우려고 노력하면 할수록 외로움은 점점 더 커지고 이내 비참함이 마음을 덮쳐온다는 걸 여러 번 체험했습니다.

다른 누군가가 곁에 있어도 느껴지는 외로움은 어쩐지 이상한 것 같습니다. 주변에 사람이 있으니 외로울 필요가 없을 텐데 말입니다.

'혼자서 비참한 기분에 빠져 있지 말고 누군가에게 말을 걸면 되지 않나?' 하는 생각이 들기도 합니다. 하지만 말을 걸었을 때 상대방이 거절하거나 차갑게 대하면 외로움이 더욱 커져 견딜 수 없게 될지도 모른다는 걱정 때문에 말을 걸기가 쉽지 않습니다.

큰맘 먹고 말을 걸어서 누군가와 함께 웃고 떠든다 해도 그다지 달라지지 않습니다. 그 후에 찾아오는 커다란 공허

일단 한 번 '외로움'을 체험하고
외로움과 관련된 뇌 부위의 신경세포가 활발해져

'외로움'을 느끼게 되면

무리 속에 돌아가도

외로움이 더욱 강해진다

함과 외로움은 나를 더욱 더 깊은 어둠 속으로 빠뜨리게 되니까요.

가족과 함께 있으면 외롭지 않을 것 같다고요? 물론 가족에게 신경을 쏟고 있는 동안은 괜찮겠지만 만약 가족 중 누군가가 자신을 이해해주지 않는다는 생각이 들면 분노가 치밀고 말 것입니다. 아무래도 외로움은 누군가가 자신을 알아봐주지 않는다든지, 이해받지 못한다는 생각이 들 때라든지, 그리고 상대가 마음대로 되지 않아 답답할 때 찾아오는 것 같습니다.

그렇다면 상대방이 자신을 이해하는 척하거나, 나의 의견대로 움직여준다면 외로움은 해소될까요? 그렇지 않습니다. 오히려 그럴 때 외로움은 더욱 극대화됩니다. 외로움이란 스스로 해소하기 위해 애쓸수록 깊어지는 감정이지만, 상대방이 나의 외로움을 해결해주기 위해 억지로 행동한다면 더욱 커지는 것입니다.

외로움이란 그저
뇌의 감각일 뿐

2016년 매사추세츠공과대학의 신경과학자 팀은 쥐를 이용한 한 실험에서 외로움이라는 감정과 관계가 있는 뇌의 부위를 특정했습니다.

쥐를 격리해 고립상태를 만들었더니 외로움과 관련된 뇌 부위(등쪽 솔기핵)의 신경세포가 활발하게 활동하는 것을 볼 수 있었고, 이를 통해 외로움을 느끼고 있다는 것을 알 수 있었습니다. 그리고 이후에 그 쥐를 다시 집단 속에 되돌려 놓았을 때 외로움과 관련된 뇌 부위가 더욱 활성화되는 것을 발견했습니다.

한 번 외로움을 느끼고 나면 외로움과 관련된 뇌 부위의 신경세포가 활발해져 다시 무리 속으로 돌아가도 감정이 해소되지 않고 더욱 강해지는 것일까요? 이것은 그야말로 저의 체험과 일치하는 실험이 아닐 수 없었습니다.

즉 외로움이란 그저 뇌의 신경세포가 일으키고 있는 감각일 뿐이었던 것이지요.

한 번 외로움을 겪고 나면 그 신경세포가 계속 반응하기 때문에 집단 속에 들어가도 해소되지 않는 것이었고, 이것은 단지 뇌의 특징일 뿐이었습니다.

나만 외롭다고 생각하면
많은 문제가 발생한다

'나만 외롭다'는 생각으로 뇌에 전기를 대전시켜
발작과 파괴를 되풀이하는 악순환에 빠집니다.

앞서 말한 쥐 실험에서 새롭게 발견해낸 사실이 하나 더 있었습니다. 외로움을 느끼는 뇌 부위의 신경세포가 활발해지면 '사교적으로 변한다'는 것이었습니다. 사교적이라는 것은 사람을 사귀는 일에 적극적으로 행동한다는 것과 사람을 대하는 데 능숙하다는 것을 말합니다. 외로워지기 싫어서 적극적으로 무리 속에 들어가고, 상대방에게 버림받지 않기 위해 남을 배려하며 관계에 유연하게 대처하게 되는 겁니다.

제 경우에도 그렇습니다. 저는 항상 다른 사람의 기분을 생각하고, 주변 사람에게 관심이 많다는 점 때문에 누군가가 처음 저를 만나게 되면 사교적인 사람으로 인식하곤 했습니다. 하지만 앞에서 소개한 쥐 실험에서도 알 수 있었듯이 한 번 뇌가 '외롭다'고 느끼게 되면 집단 속으로 돌아간다 하더라도 똑같이 외로움을 느끼게 됩니다.

그렇다면 외로움을 해소하기 위해서는 언제나 주변을 신경 쓰며 더욱 참아야만 하는 걸까요? 그렇지 않습니다. 만약 그렇게 할 경우 사람은 결국 이성을 잃어버리게 되기 때문입니다.

상대방에게 버림받지 않으려 상대방의 행동을 계속 참아오던 도중 상대가 차가운 태도를 보이게 되면 "이제 그만!" 하고 분노가 폭발하게 되거나, 아예 상대방과의 관계를 끊어버리는 등 파괴적인 행동을 보이게 됩니다. 이는 뇌의 외로움 부위의 신경세포가 활발해져 대전(帶電, 어떤 물체가 전기를 띰-옮긴이)된 전기가 '삐비빅!' 하고 한번에 대량의 전기를 방출해 발작을 일으키는 이미지입니다.

저의 초등학교 시절을 예로 들자면, 열심히 외로움을 견뎌

오던 도중 모두에게 놀림을 받게 되자 쌓여 있던 외로움 때문에 대전된 전기가 뇌에 발작을 일으켜 울음을 터뜨려버리고, 교실에서 뛰쳐나가는 행동을 하게 된 것입니다.

'나만 외롭다'는 생각의
실체를 알자

외로움과 관련이 있는 신경세포가 활발해질 때는 모두에게 신경을 쓰거나 아양을 떨면서 사교적으로 변하지만, 대전된 전기로 발작을 일으킬 때는 파괴적인 인격으로 변해 인간관계에 문제를 일으키고 맙니다. 이렇듯 '나만 외롭다'고 생각하면 뇌에 문제가 생겨 사람들과의 단절을 겪을 수도 있는 것입니다.

'나만 외롭다'라는 생각에는 사실 '누군가가 나의 외로움을 알아주고, 다가와서 나를 달래줬으면 좋겠다'라는 의도가 숨어 있습니다. 그런데 파괴적인 인격으로 변해 인간관계를 단절해버리기 때문에 오히려 더욱 외로워지는 상황에 빠지게

상대방에게 계속 참을 때 외로움의 전기가 대전되고

상대방이 차가운 태도를 취했을 때

한번에 대량의 전기를 방출하고 발작을 일으킨다

되는 것입니다. 그렇게 되면 또다시 '나만 외롭다'는 생각이 자라나고 결국 악순환이 반복되고 맙니다.

예전에 저는 한 파티에 참석한 적이 있었습니다. 그때 저는 삼삼오오 모여 있던 사람들 사이에서 소외감을 느끼며 '나만 외롭다'고 생각하고 있었습니다. 아무도 저를 상대해주지 않았기에 벽에 기대어 멀뚱히 서있을 수밖에 없었습니다.

그런데 이때 저의 모습을 누군가가 사진으로 찍어 제게 보여주었는데, 저는 사진 속 제 모습을 보고 아주 깜짝 놀랐습니다. 제가 가면처럼 너무나도 무서운 사람의 얼굴을 하고 있었던 것이었습니다!

말하자면 외로움을 느끼는 뇌 부위에 과잉된 전류가 흘러, 표정을 컨트롤하는 뇌의 부분에 문제를 일으켜 '굉장히 무서운' 표정을 만들어버린 것입니다. 그런 저의 표정을 보고서도 먼저 다가올 사람은 아무도 없었습니다.

그러나 저는 스스로의 표정이 어떠했는지 깨닫지 못했습니다. 왜냐하면 그것은 제 스스로 제어할 수 있는 부분이 아니었기 때문입니다. 저도 모르는 사이에 '나만 외롭다'는 생각을 했고, 그 결과 '화난 것 같은' 표정이 만들어진 것입니다.

'나만 외롭다'는 생각이
더 깊은 외로움을 부른다

　누구나 외롭다는 생각을 하지만 그것은 자신의 머릿속에
만 있는 것이기 때문에 아무에게도 피해를 주지 않을 것이라
여깁니다. 하지만 그러한 생각이 들면 뇌 속에 점점 전기가
쌓이게 되고, 이는 점차 파괴적인 말과 행동으로 드러나 타인
에게 의도치 않게 상처를 입힙니다.

　그리고 이때 뇌에 기억이 증발하는 현상이 일어납니다.
그렇기 때문에 자신이 상대에게 상처를 주는 말과 행동을 해
놓고도 '나는 그런 심한 말은 하지 않았다'고 느끼는 것입니
다. 그 결과 '나만 피해자'이고 '나만 외롭다'는 생각을 하게
됩니다.

　다시 말해 상대방이 자신에게서 멀어진 원인을 모르는 이
유는 파괴적인 상태가 되었을 때의 기억이 휘발되기 때문입
니다. 심지어 기억이 사라진다는 자각조차 하지 못해 '나의
기억이 옳고 다른 사람의 기억은 틀렸다'고 생각하게 됩니다.

　그리고 이는 '다들 나를 알아주지 않는다'는 생각으로 귀

결됩니다. 스스로 남을 해치는 말과 행동을 했다는 자각이 없기 때문에 자신의 마음을 몰라주는 남들을 탓하게 되는 것입니다. 그렇게 '나만 외롭다'고 느끼며 더 깊은 외로움 속을 파고들게 됩니다.

외롭다는 생각이
원인이다

나만 외롭다고 생각하면 늘 사면초가가 되고,
그러면서 점점 더 '나는 외롭다'고 느끼게 됩니다.

어느 독자분이 저를 보고 "작가님 책 읽어봤어요! 아주 좋았어요! 사인해주세요!"라며 다가오던 순간, 저는 그만 그 자리에 굳어서 머릿속이 새하얘졌습니다. 갑자기 다른 사람이 제게 다가와 저도 모르게 긴장한 것입니다. 그리고 머릿속에는 '완전 멘붕이야. 평소처럼 말을 할 수가 없네, 어떡하지?'라는 생각이 가득 들어차 결국 패닉 상태에 빠지고 말았습니다.

독자분이 '저자가 알고 보니 이상한 사람이었다'라고 생각하며 실망할 것 같아 두렵기도 했고 스스로가 싫어졌던 순간이었습니다. 이후에 저는 '왜 그때 평소처럼 말하지 못했을까?'라며 반성의 시간을 갖고 밤새 스스로를 질책할 수밖에 없었습니다.

이러한 행동은 다른 사람을 보고 긴장했을 때 나타나는 증상인데 이는 '나는 외롭다'라는 생각에서 기인합니다. 저는 저의 책을 읽어주신 분이 저를 만나면 실망할 것이라 생각했고, 그렇게 저는 혼자 남겨져 외로움을 경험할 것이라고 예측했습니다. 그로 인해 머릿속이 새하얘져 정상적인 사고도, 대화도 불가능해졌던 것입니다.

평소였다면 누군가로부터 "작가님 책 읽었어요! 사인해주세요!"라는 말을 들으면 '나를 좋아해주시는구나, 고마운 분이다'라고 생각하며 '나는 사랑받고 있기 때문에 외롭지 않다'고 느꼈을지도 모릅니다. 하지만 이렇게 '나는 외롭다'는 생각이 먼저 떠오르면 '실망할 거야'라든지 '싫어할 거야'와 같은 걱정이 자라 순식간에 부정적인 방향으로 생각이 이어지고, 뇌에 발작을 일으키는 계기가 됩니다.

즉 자신을 떠나가는 상대방의 표정을 읽게 된다면 또다시 발작이 일어나 끊임없는 악순환이 되풀이되는 것입니다. 이렇게 되면 영원히 '나는 외롭다'는 생각에서 빠져나올 수가 없습니다.

외롭다는 생각은
점점 더 현실이 된다

한 남편이 부인에게 "오늘은 테이블에 놓여 있는 당신 물건 좀 정리해줄래?"라는 말을 들었을 때, '어째서 이렇게 피곤할 때 정리를 하라는 거야!' 하고 부인에게 내심 분노가 치밀었습니다.

외롭다는 생각 때문에 '아내는 내가 힘든 걸 조금도 몰라'라든가 '아내는 나를 조금도 신경 써주지 않아'라는 생각이 들고 파괴적인 태도로 변합니다. 그 결과 "할 거야! 정리한다고!"라며 못마땅한 듯 대답하고, 부인의 기분을 상하게 합니다. 또한 '할 거다'라는 대답과는 다르게 실제로는 '하지 않

…라고 말했지만 결국 하지 않고

남편도 부인도 발작을 일으키고

서로 파괴적인 인격으로 변신한다

는' 태도를 보이며 수동 공격(하지 않음으로써 상대방을 공격하는 것)까지 합니다.

부인 역시 자신의 부탁을 들어주지 않는다는 이유로 '남편이 나를 아껴주지 않아서 너무 외롭다'고 생각하게 되고, "당신은 늘 그런 식이야!"라며 고함을 지르는 등 공격적인 태도를 보이게 됩니다. 이렇듯 서로 상대방과 어떤 말도 하고 싶지 않다고 생각하게 되며, 외롭다는 생각은 점점 현실이 됩니다.

외로움으로 인한
짜증과 분노와 폭발

외롭다고 느끼면 전혀 예상치 못했던 의외의 곳까지 악영향을 미칩니다. 예를 들어 전철 안에서 '다른 데도 자리가 있는데 왜 굳이 이렇게 끼어서 가는 거야?'라는 생각이 들면 이 생각은 곧 '나만 만만한 취급을 받는다'는 외로움으로 이어져 발작이 일어납니다. 이때 발끈하게 되면 뒷사람을 팔꿈치로 밀치기도 합니다.

요컨대 주변에 긴장하고 있는 사람을 보게 되면 나도 모르게 덩달아 긴장을 하게 되고 신경이 예민해지는데, 그 화가 주변 사람에게까지 닿게 되면 상대방이 나를 공격하고 맙니다. 그 결과 '왜 항상 나만 이런 일을 당하는 거야'라는 피해의식이 점점 자라나 대중교통을 이용하기 싫다는 괴로움에 빠지고 맙니다.

이렇게 외로움으로 인한 짜증이 잦아지면 주변 사람들도 마찬가지로 분노하게 됩니다. 그렇게 되면 '주변 사람들의 분노는 나를 향한 분노'라고 해석하게 되기 때문에 스스로를 미움받는 존재라고 자각하게 되고, 점점 더 심한 발작을 일으킵니다. 상황은 더욱더 악화되어 결국 사면초가인 상태를 면하지 못하게 됩니다.

그리고 원인이 본인에게 있다는 것을 알지 못하기 때문에 왜 항상 자신에게만 이런 일이 일어나는지 모르겠다며 억울해합니다. 아무리 주변에서 "외로움은 누구나 겪는 것"이라고 이야기해도 소용없습니다. 외로움에 어떻게 대처해야 하는지 몰랐기 때문에 현재까지도 대처할 수 없었던 것입니다.

외로움은
왜 즐겁지 않은 일일까?

상대의 외로움을 자신의 것으로 여기기 때문에
외로움은 즐겁지 않고 고통스럽게 다가옵니다.

저는 휴일에는 열흘 정도를 줄곧 혼자서 보내는 경우가 있습니다. 그때는 누구와도 대화를 하지 않고, 그저 조용히 책을 읽거나 집안일을 합니다. 집에 AI스피커가 있긴 하지만 혼자 있으면 그 스피커와도 대화를 하지 않고 "오늘은 어떤 요리를 만들까?" 하며 혼잣말만 합니다. 그리고 요리가 다 되면 "맛있네!"라며 고독하게 만족하는데, 그럴 때마다 '어쩌면 외로움도 즐길 수 있는 것일지 몰라'라고 생각합니다.

사람이 붐비는 곳에 있거나 그룹 속에 있을 때 느끼는 외로움은 굉장히 고통스럽고 인간관계에도 지장을 주기 때문에 '외로움은 왜 이렇게 즐겁지 않은 걸까?' 하고 의문을 품게 됩니다. 이에 대한 대답은 사실 간단합니다. 다른 사람의 외로움을 자신의 것으로 여기기 때문입니다.

상대방의 뇌를 흉내내는 '거울 뉴런'이라는 기능

우리의 뇌에는 주의를 기울인 상대방의 뇌의 상태를 흉내내는 '거울 뉴런'이라는 기능이 있습니다. 그래서 긴장하고 있는 사람이 옆에 있으면 자기도 덩달아 긴장하게 되는 것입니다. 문제는 상대방이 긴장하고 있는 것처럼 보이지 않는데 뇌가 멋대로 상대방의 상태를 단정지어 긴장하게 될 때입니다.

제가 어느 선생님과 큰 학회에 참석해서 영어로 발표를 해야 했을 때가 있었습니다. 선생님의 발표가 가까워질수록 저는 심장이 두근거렸고, 배가 아프고 괴로워서 식은땀이 흘렀습니다. 순간 '뭐지? 왜 이렇게 힘든 거지?'라는 의문이 들었습니다. 하지만 선생님의 발표가 끝나고 나니 그러한 증상이 거짓말처럼 사라졌고, 그러한 괴로움은 저의 것이 아닌 선생님의 것이었다는 사실에 놀랐습니다.

저와 다르게 선생님은 긴장을 하신 것 같지 않아 선생님께 "전혀 긴장하지 않으셨던 것 같아요"라고 말씀드리니, 선생님은 "어젯밤에 너무 긴장돼서 한숨도 제대로 잘 수 없었어요. 그리고 긴장감 때문에 배가 아파서 오늘 아침부터 몇 번씩이나 화장실에 갔는지 몰라요"라고 하셨습니다.

제가 선생님을 봤을 때 선생님은 전혀 긴장한 것처럼 보이지 않았기 때문에 제가 선생님을 대신해서 긴장했던 것입니다. 자기 자신이 긴장되는 상황에서는 어떻게든 대처를 할 수 있지만 다른 사람의 감정을 대신해서 느끼게 되면 더욱 초조해지며 긴장감이 고조되고 맙니다.

이처럼 상대방의 외로움을 자신의 감정으로 받아들이면 그것이 진짜 나의 감정이 아니기 때문에 스스로 처리할 수 없어 고통스러워지는 것입니다. 그렇기 때문에 외로움은 즐겁지 않다고 생각하는 것입니다.

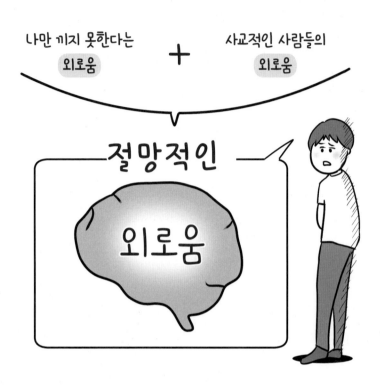

다들 사이좋게 어울리고 있는 걸 봤을 때 나만 끼지 못한다는 마음에 외롭고 괴로울 때도, 사교적인 사람들이 외로움을 느낄 때 활성화되는 뇌 부위가 동일하게 움직이고 있습니다. 그렇기 때문에 그 사람들에게 주의를 기울이는 것만으로도 절망적인 외로움을 느끼는 것입니다.

어떤 의미에서 보면 누군가의 외로움을 똑같이 느끼는 것은 그들의 마음속 어두운 곳을 들여다보는 것과 같습니다. 새까만 어둠이 펼쳐져 있는 외로움은 사교적인 사람들이 느끼는 외로움입니다.

외로움을 즐기지 못하고
괴로워하는 사람들

사교적이지 않은 편인 저는 사실 그러한 사람들처럼 고통스러울 정도의 외로움을 느끼지 않기 때문에 외로움을 즐기는 경우도 있습니다. 그렇기에 혼자 있을 때 편안함과 안도감을 느낄 수 있는 것입니다.

사회생활을 하다 보니 남들이 사이가 좋아 보여서 부럽다고 말하는 이들은 대개 외로움의 고통을 자주 느낀다는 공통점이 있었습니다. 하지만 겉으로는 전혀 그렇게 보이지 않습니다. 그들은 상대방의 외로움을 흉내 내어 '나는 외롭다'고 느끼며 그 외로움을 자신의 것으로 여겨 번민하고 고통스러워합니다.

예전에 저는 혼자 있는 시간을 즐기지 못했기 때문에 '왜 그런 걸까' 곰곰이 생각해보았습니다. 그러던 어느 날, 한 원고를 쓰면서 굉장한 사실을 깨달았습니다.

저희 어머니는 칠 남매로, 남매들과 사이가 아주 좋습니다. 게다가 친구들도 많으시고, 즐겁게 대화를 나눌 수 있는 지인도 여럿입니다. 저희 어머니는 사람들에게 존경받는 분입니다. 그리고 부족하긴 하지만 아들도 두 명 있습니다. 그래서 저는 어머니가 외로울 거라고 생각한 적이 없었습니다. 시집살이가 고될 것 같다거나 때때로 아버지가 문제를 일으킬 때는 힘드시겠다는 생각도 들었지만, 어머니가 외로움을 느낄 거라는 건 상상조차 할 수 없는 일이었습니다.

그런데 앞서 말한 쥐 실험을 통해 외로움과 관련된 뇌 부위의 신경세포가 활발해지면 사교적으로 변한다는 것을 깨달았을 때 '아! 어머니는 굉장히 외로우셨던 거야!'라는 생각이 들었습니다. 그리고 이를 계기로 외로움은 어쩌면 즐거운 일일지도 모른다는 생각을 하게 됐습니다.

유치원 선생님이셨던 어머니와 함께 집으로 돌아오던 어느 날, 어머니와 함께 나눈 대화가 떠올랐습니다. 어머니는 저에게 갑자기 "너는 죽고 싶었던 적이 있었니?"라고 물어보셨고, 실제로 그런 생각을 했었던 저는 가슴이 철렁 내려앉는 기분이었습니다. 하지만 저는 당황해서 "그런 적 없어요! 스스로 목숨을 끊으면 지옥에 가잖아요"라고 대답했습니다.

친구들이 함께 놀아주지 않아 외로워서 그만 살고 싶다고 생각한 것을 어머니가 눈치 챈 것이라고 생각했었지만, 사실은 그게 아니라 당신이 외롭고 괴로워서 '죽고 싶다'고 생각했던 것임을 뒤늦게 깨달았습니다. 저는 어머니의 외로움을 제 자신의 것으로 여겼기 때문에 외로움을 즐기지 못하고 괴로워했던 것입니다.

나의 외로움을 알면
내일이 보인다

다른 사람의 외로움을 내 것으로 여기지 않고,
'나의 외로움'을 깨달으면 미래가 활짝 열립니다.

저는 상상도 못했던 타인의 외로움을 저도 모르는 사이 제 자신의 외로움으로 여겼습니다. 저는 이제 그러한 외로움은 제 자신의 것이 아님을 깨달았고, 이러한 외로움이 상대방의 것임을 알고 나면 외로움으로 인한 불쾌감이 사라진다는 것 또한 알았습니다.

그제야 저는 제가 느끼고 있는 외로움에 대해 알고 싶어졌습니다. 그리고 제 자신이 지금까지 습관적으로 외로움과 마주하는 것을 두려워해왔음을 깨달았습니다. 줄곧 타인의 외로움을 저의 것으로 여겼기 때문에 외로움은 고통스럽고 두려운 것이라고 느꼈던 것입니다.

하지만 막상 저의 외로움을 마주하고 보니 생각보다 불쾌하지 않다는 사실이 놀라웠습니다. 외롭기는 했지만 비참함이나 쓸쓸함, 괴로움과 같은 감정은 존재하지 않았기에 오히려 긍정적인 고요함을 느낄 수 있었습니다.

자신만의 외로움이 무엇인지
깨달아야 한다

'나의 외로움'이지만 외로움을 마주 대하며 고요함을 느끼면 인간 이외의 큰 존재를 확인할 수 있습니다. 그때 저는 사람이란 외로움을 통해 신과 같은 존재와 처음 마주할 수 있다는 것을 깨달았습니다. 수행승처럼 득도를 하려는 사람이 왜 혼자가 되어 아무하고도 접촉하지 않으려 하는 건지 알 것 같았습니다.

하지만 인간 이외의 존재가 있다고 해도 자신의 외로움과 마주하고 나면 마치 자신이 신이 되어버린 것만 같은 이상한 기분이 듭니다. 외로움이 두려웠을 때는 타인의 시선을 의식 하느라 자유롭게 생각할 수도, 움직일 수도 없었습니다. 하지만 스스로의 외로움과 정면으로 마주하고 나니 신에게 버림 받는 것조차 받아들일 수 있게 되고, 그럼으로써 진정한 의미 에서의 자유를 느꼈습니다.

스스로의 외로움을 깨달은 후 다른 사람들에게도, 심지어 신에게도 휘둘릴 필요가 없었음을 깨닫고 나니 그제야 저의 일이 보였습니다. 타인의 외로움을 제 자신의 것으로 인식했 을 때는 '다른 사람에게 외면당할 거야' 혹은 '다른 사람에게 버림받을 거야' 하는 절망이 먹구름처럼 밀려와 어떠한 희망 도 가질 수 없었습니다.

하지만 다른 사람의 외로움을 자신의 것으로 여기지 않고, 온전히 자신만의 외로움을 깨닫고 나면 미래가 열립니다. 무 엇을 해도 좋고, 자유를 만끽할 수도 있습니다. 이렇게 자신 만의 외로움을 알면 누가 어떤 반응을 보이든, 무슨 말을 하 든 상관없이 자신만의 길을 담담히 걸어갈 수 있습니다.

여기서 많은 이들은 자신의 외로움과 타인의 외로움을 구분하고, 자신만의 외로움이 무엇인지 깨닫는 일이 어려울 거라고 생각할 것입니다. 지금까지 계속 다른 사람의 외로움과 나의 외로움을 구분하지 않고 살아왔기 때문에 이제 와서 구분하기가 어렵다고 느껴지는 것입니다.

하지만 나의 외로움과 타인의 외로움을 구분하고 자신만의 외로움에 주목할 수 있게 되면 '아! 이제 자유다!'라는 생각이 들며 앞으로 무한한 가능성이 펼쳐질지도 모른다는 희망을 가질 수 있습니다. 지금까지는 한 치 앞이 보이지 않았을지라도 자신의 외로움을 깨닫는 것만으로도 그런 일이 가능해지는 것입니다.

**타인의 외로움과
자신의 외로움을 구분하는 방법**

타인의 외로움과 자신의 외로움을 구분하는 방법을 간단하게 소개해볼까 합니다. 먼저, 외로움이 느껴지면 눈을 감고 자신의 안을 들여다봅니다. 그리고 자신 외에 누군가가 떠오른다면 그것은 그 '누군가'의 외로움입니다. 내면에 있는 그 누군가에게 '내 안에서 나가달라'라고 부탁함으로써 진정한 자신의 외로움과 마주할 수 있습니다.

또한 외로워서 힘들다는 마음이 느껴질 때는 다시 눈을 감고 그 감정에 주목해봅니다. 마찬가지로 누군가가 떠오른다면 그 사람에게 나가달라고 말합니다.

내 안에 타인이 존재하지 않을 때 느껴지는 외로움이 '나의 외로움'입니다. 내 안에서 누군가가 사라졌을 때 쓸쓸하다고 느껴진다면 그것 또한 '나의 외로움'입니다. 그 외로움을 깨닫기 위해서 차례차례로 내 안에 존재하는 사람들을 배제하는 연습을 해야 합니다. 머릿속에 떠오른 누군가를 억지로 지우는 것이 아니라 '이 사람과 함께 있어도 나는 외롭다'라는 생각이 든다면 그 사람을 내 안에 가둬둘 필요가 없기 때문에 자연스레 잊히는 것입니다.

부모님이 떠올라도 '부모님과 함께 있어도 외롭다'라는 생각이 들면 나의 외로움과 마주할 수 있습니다. '이 친구와 함께 있어도 나는 외롭다'라고 느껴진다면 친구의 존재도 사라집니다.

　이러한 과정을 거치다 보면 신과 같은 존재와 만나게 됩니다. '이 존재와 함께 있어도 나는 외롭다'라는 생각이 들면 비로소 그곳에 진정한 자신의 외로움만 남게 됩니다.

　그리고 그 외로움 속에는 에너지가 넘치기 때문에 여러 가지 가능성이 있고 내일을 기대할 수 있게 됩니다. 그제야 비로소 진정한 나의 외로움은 다른 누구도 아닌 스스로에게 필요한 것이었다는 것을 깨닫게 됩니다.

'외로움'을 느꼈을 때 눈을 감고 자기 내면을 들여다봅시다

누군가가
떠올랐다면…

그 사람의 '외로움'이니 나가달라고 부탁합시다

그렇게 함으로써…

자신의
외로움

자신의 고독이 보입니다

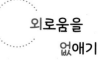

외로움을
없애기

차이를 알아서 내가 외로워지는 것이라면
다른 사람들과의 공통점을 찾아보면 됩니다.

도저히 외로움의 감정이 자신에게 필요하지 않다고 생각
하는 분들도 분명히 있을 것입니다. "외로움은 좋은 것"이라
든지 "외로움을 받아들여야 한다"는 식의 말은 이미 세상에
너무나도 많이 넘쳐납니다. 그러나 저는 그것이 그저 탁상공
론으로밖에 보이지 않고, 무언가에 속고 있는 기분이 들기도
합니다.

어쩐지 외로움 때문에 저만 손해를 보는 것 같은 기분도

듭니다. 다른 사람들은 이렇게 외로움을 느끼지는 않을 것이라는 생각 때문입니다.

이럴 땐 어떻게 해야 할까요? 답은 간단합니다. 자신이 느끼는 외로움만 없애면 됩니다.

상대방에게 끊임없이
신경을 쓰는 당신

외로움을 없애려면 어떻게 해야 할까 고민하다가, 외로움을 느끼지 않을 것 같은 사람은 무엇을 할지에 대해 곰곰이 생각해봤습니다. 그들을 머릿속에 떠올려보면 친구들끼리 즐겁게 이야기를 한다든지, 누군가와 함께 야구를 보러 간다거나 콘서트에 가거나 식사를 하러 가는 등의 모습이 자연스럽게 떠오릅니다.

'그들이 일상을 보내는 것처럼 나도 할 수 있을까?' 하고 생각해보니 불가능할 것 같다는 결론을 내리게 됐습니다. 다른 사람과 함께 이야기를 해도 '상대방은 어떻게 생각하고 있을까?'라는 생각을 하다 보면 다른 사람들처럼 편하게 대화에 몰입할 수가 없습니다.

친구에게 공연을 같이 가자고 하려고 해도 '만약 상대방이 싫어하면 어떻게 해야 하나' 신경이 쓰입니다. 만약 친구와 같이 공연에 가더라도 즐기는 척은 할 수 있을지 모르겠지만 완전히 마음 놓고 즐기지 못할 것이며, 다시 혼자가 되면 지독한 공허함과 외로움을 느낄 것입니다.

여럿이서 대화를 해도 제가 상대방에게만 신경 쓰고 있기 때문에 이야기가 멈추면 어색한 침묵이 흐릅니다. '어째서 내가 있을 때만 이야기가 활기를 띠지 않는 거지?'라고 생각이 들 정도로 그 자리의 분위기가 망가지고, 또다시 외로움이 덮쳐옵니다.

그렇다면 외로움을 전혀 느끼지 않는 사람과 저의 차이는 무엇일까 생각해보니 대화 화제나 흥미를 느끼는 주제가 다르다는 것을 알았습니다.

저는 다른 사람의 소문이라든가 연예 관련 기사에는 조금도 관심이 없기 때문에 그런 이야기가 나오면 이야기에 낄 수가 없었습니다. '이런 이야기를 왜 하는 거지?'라며 대화의 의미와 의도를 생각하면 모두 부질없다는 생각이 들어 다른 사람들처럼 즐길 수가 없는 것입니다.

마찬가지로 친구와 함께 공연을 가는 것도 '뭐 하러 다 같이 공연을 보는 거지?'라며 목적을 생각하게 됩니다. 따돌림을 당하고 싶지 않아서 따라갈 뿐이었기 때문에 진심으로 공연을 즐기는 다른 사람들과의 온도차가 느껴져 결국 외로워지는 것입니다.

즉 '나는 다른 사람들과 다르다'라는 전제를 세웠기 때문에 이러한 결론에 도달하는 것입니다. 다른 사람들과 흥미를 느끼는 화제도 다르고, 사고방식도 다르다는 생각 때문에 '나는 다른 사람들과 다르다'는 생각이 자라 결국 점점 더 외로워지는 것입니다.

하지만 따돌림을 당해 외로워지고 싶은 사람은 없기 때문에 결국 다른 사람들의 테두리 속으로 들어가려고 노력합니다. 그러다 결국 무리에 잘 끼지 못하고 외로워지는 악순환이 반복됩니다.

남과의 차이를 알게 되면
외로움은 더욱 커진다

지금까지의 이야기를 통해 알 수 있는 것은 외로움을 없애려고 노력해도 다른 사람들과의 차이를 알게 되면 오히려 외로움이 더욱 커진다는 것입니다. 그렇다면 그 반대로 행동하면 어떨까요? 아마 외로움이 사라질지도 모릅니다. 차이를 알아서 외로워지는 것이라면 이번에는 다른 사람들과의 공통점을 찾아보는 것입니다.

여기서 '공통점이란 무엇인가?'라는 의문이 들지도 모릅니다. 극단적으로 말하자면, 모두 똑같은 인간이며 눈과 코와 입이 있다는 것입니다. 하지만 지금까지 다른 사람과의 차이 때문에 외롭고 힘들었던 사람은 공통점을 찾으려고 노력해도 차이점만 눈에 들어오고, '역시 나는 다른 사람들과 달라'라고 생각하게 되며 외로움을 느낄 것입니다. 그래서 '공통점을 찾는 것은 어렵다'는 결론을 짓고 일체감으로 외로움을 없애려고 합니다.

'일체감'이란 하나의 그룹 내에서 얻을 수 있는 감각을 말합니다. 예를 들어 반끼리 문화제 출품작을 상의할 때 모두의 의견이 일치한다거나, 똑같은 목표를 향해 노력하고 있는 상황에서 얻을 수 있는 감정입니다. 마찬가지로 좋아하는 가수의 콘서트에서 다 같이 가수를 응원하며 마음이 하나가 되었을 때도 일체감을 얻을 수 있습니다.

그렇다고 억지로 다른 사람들과 의견을 맞출 필요는 없습니다. 그렇게 했다간 오히려 다른 사람들과의 거리감을 느끼게 될지도 모릅니다. 그리고 다시 외로움을 느끼게 될 것입니다. 따라서 억지로 생각을 바꾸는 것이 아니라 일체감을 추구하며 다른 사람들에 대해 알아가야겠다고 생각하면 됩니다.

다른 사람을 잘 모르기 때문에 처음에는 차이점만 보일 수 있습니다. 하지만 흥미를 갖고 알아가면 다른 사람들과 의견이 일치하는 순간을 맞이하게 될 것입니다. 다른 사람과의 차이를 찾거나 억지로 맞추지 말고 일체감을 추구하며 상대방을 알아감으로써 외로움을 없애는 것입니다.

또 다른 예로, 다른 나라의 원주민이 있는 곳에 가서 '이 사람들은 어떤 문화를 갖고 있을까?' 하는 마음으로 흥미를 갖고 이야기를 듣는다고 합시다. 거기에는 원주민들만의 독

다른 사람을 잘 모르니까

…라고 생각하지만

흥미를 갖고 상대방을 알게 되니…

특한 문화와 역사가 있을 것이고, 다양한 전통과 흥미로운 사고방식을 새롭게 알게 될 것입니다. 내가 사는 곳과의 차이점에만 집중하다 보면 새로운 문화가 재미없게 느껴지겠지만 '오! 이런 역사가 있고, 이런 습관이 있구나!'라며 흥미를 갖고 이야기를 듣다 보면 어느새 원주민을 친구로 인식하게 될 것입니다.

그 순간 원주민과 일체감을 느낄 수 있고, 자신뿐만 아니라 상대방도 헤어짐을 아쉬워하게 될지도 모릅니다. 다른 사람과의 차이로 외로움을 느꼈던 사람이라도 다른 문화에 흥미를 가짐으로써 일체감을 얻을 수 있을 것입니다.

그러나 사람은 자기도 모르는 사이에 '그 사람은 그런 사람이니까'라는 식으로 누군가를 판단하고 단정짓는 행동을 합니다. '저 사람은 뻔뻔한 사람이니까'라든가 '그 사람은 화를 잘 내는 성격이니까' 하는 식의 편견에 사로잡혀 상대방과의 '다름'을 받아들이지 못합니다. 이렇듯 일상 속에서도 모든 사람들과 같을 수 없음을 인정하고 마치 원주민을 관찰하는 것처럼 상대방의 취향을 존중하며 흥미를 갖고 관찰해야 합니다.

예를 들어 회사에서 일을 제대로 하지 않는 사람을 보면 속으로 '일도 안 하면서 잘난 척하는 자식!'이라고 결론짓고 맙니다. 하지만 그것을 '다른 문화'라고 여기고 관찰해봅시다.

예를 들어 '그는 점심시간에 편의점에서 파는 삼각김밥을 2분 20초 동안 신문을 읽으면서 먹었다' 하는 식으로 관찰하는 것입니다. '컴퓨터 화면을 2시간 동안 계속 보고 있고, 서류에 인감을 받으러 갔을 때 화면을 확인해보니 바둑을 하고 있었다' 하는 식으로 말입니다. 또는 '서류의 내용을 읽지 않고 인감을 바로 찍었다'라든가 '페트병에 든 차를 사와서 2시간에 걸쳐 다 마셨다' 등등….

이것이 몹시 성가시게 느껴지겠지만 너무 신경이 쓰인다면 '다른 문화'로서만 관찰하는 편이 효과적일 것입니다. 단정하지 않고 관찰하며 50개 정도의 데이터를 모으면 '아! 이 사람은 사실 부하직원을 신뢰하고 있었던 것이구나!'라는 식으로 지금까지와는 다른 상대방의 모습을 볼 수 있을 것입니다. 이러한 경험을 통해 그전까지 싫어했던 상사와의 사이에서 일체감을 느낄 수 있습니다.

나와 다른 상대방의 문화에 흥미를 가져봅시다. 그렇게

흥미를 갖고 흉내 냈을 때 상대방이 동료로 인식되면 일체감을 얻을 수 있습니다. 그리고 그 언제 외로움을 느끼든 그때 느꼈던 일체감을 떠올리면 간단하게 외로움이 없어질 것입니다.

CHECK POINT!

- 근처에 누군가가 있을 때도 외로움을 느끼는데, 그때의 외로움이 혼자 있을 때의 외로움보다 더 강렬합니다.

- 외로움은 누군가가 자신을 알아봐주지 않는다든지, 이해받지 못한다는 생각이 들 때라든지, 그리고 상대가 마음대로 되지 않아 답답할 때 찾아옵니다.

- '나만 외롭다'는 생각이 들면 뇌 속에 점점 전기가 쌓이게 되고, 이는 점차 파괴적인 말과 행동으로 드러나 타인에게 의도치 않게 상처를 입힙니다.

- '나의 외로움'이지만 외로움을 마주 대하면 오히려 긍정적인 고요함을 느낄 수 있습니다.

- 다른 사람들과의 차이를 알아서 내가 외로워지는 것이라면 반대로 해보면 됩니다. 즉 다른 사람들과의 공통점을 찾아보는 것입니다.

· 다른 사람들의 행복으로 인해 침울해지는 이유

· 외로움 때문에 파괴적인 성격으로 변하는 이유

· 타인의 외로움에 휘둘리지 않기 위해

· 상대방의 외로움이 암시하는 것

· 반성을 하면 왜 '그 사람'이 싫어질까?

· 반성을 반복하다 보면 타인에 대한 증오가 자라난다

· 분노 뒤에는 반성하는 마음이 숨겨져 있다

2장

기분이 나쁜 사람은
단지 외로울 뿐이다

다른 사람들의 행복으로 인해
침울해지는 이유

자기보다 행복해 보이는 사람에게 눈길이 가고,
나만 외롭고 비참한 것 같아 기분이 안 좋아집니다.

어떤 사람은 주말에 집 밖으로 나가는 것이 싫다고 합니다. 주말엔 어디를 가도 가족이나 친구끼리 오는 사람들이 많고, 그 모습을 보면 '다들 행복해보이네' 하는 생각으로 우울해지기 때문입니다. 나만 빼고 모두가 행복해 보인다는 생각에 침울해지는 것입니다.

그 우울함과 침울함을 다른 이에게 털어놓았더니 돌아오는 말은 "다른 사람의 시선 같은 건 신경 쓰지 않아도 된다"

였다고 합니다. 하지만 자꾸 행복해 보이는 사람들에게 눈길이 가면서 '왜 나만 이렇게 외롭고 비참한 거야' 하는 생각에 기분이 다운됩니다.

이런 식으로 타인의 행복을 보면 우울해지는 사람들에게 공통적인 특징이 나타납니다. 그것은 바로 자신의 외로움을 다른 사람들에게 털어놓는다는 것입니다.

친구에게 "나는 거리에 나가면 행복해 보이는 사람에게 자꾸 눈길이 가고 그래서 침울해져"라고 털어놓으면 친구들은 "너도 사랑하는 가족이 있잖아"라든가 "너도 즐거울 때가 있잖아"라고 말합니다. 그때 "하지만 가족들이 나를 싫어해서 함께 있어도 조금도 행복하지 않은걸"이라든가 "즐거운 척할 뿐이지 조금도 다른 사람들처럼 즐길 수가 없어"라고 반문하고 맙니다.

그러한 말이 자기 암시가 되어 다른 사람들은 나와 다르게 행복해 보인다고 생각하게 되고, 그러다 보면 결국 기분이 안 좋아지는 것입니다.

외로움에서 벗어날 수 없도록
방해하는 '자기 암시'

우리 인간에게는 기본적으로 익숙함을 느낄 수 있는 능력
이 있습니다. 겉으로 보기에 행복해 보이는 가족이나 한 집단
을 마주하게 되면 처음에는 부러움을 느끼지만, 점차 익숙해
지다 보면 그 무리를 단지 풍경의 일부로만 자연스럽게 인식
하게 되는 것입니다.

이렇듯 '익숙함'이란 외로움에서 벗어날 수 있는 방법이
기도 합니다. 하지만 이때 외로움에서 벗어날 수 없도록 방해
하는 것이 바로 '자기 암시'입니다. 그리고 그에 앞서 애초에
상담자가 원인이기도 합니다.

친구나 카운슬러 등에게 상담을 요청하면 상대방에게는
어떠한 확신이 생깁니다. '이 사람은 이렇다'라고 스스로 단
정지어버리는 것입니다.

누군가가 침울하다고 말했을 때 그 말을 들은 사람은 머
릿속에서 '이 사람은 어리광을 잘 부리는 사람이니까 이런 이
야기를 하는 것'이라고 결론짓지만, 어리광에 대해 직접적으

로 언급하기보다는 "당신도 가족(또는 친구)이 있지 않나요?"라고 돌려서 말합니다. 혹은 웃는 얼굴로 위로하는 듯한 말을 건네기도 합니다.

앞에서도 언급했듯 우리 뇌에는 거울 뉴런이 있어서 주의를 집중하고 있는 누군가를 자신도 모르게 흉내 냅니다. 예를 들자면 긴장하고 있는 사람을 보았을 때 따라 긴장하게 되는 것입니다.

그래서 자신이 상담을 요청한 사람이 자신을 '응석꾸러기' 혹은 '성가신 사람'이라고 머릿속으로 비난하고 있다는 것을 눈치 채면, 그와 마찬가지로 스스로를 '다른 사람을 부러워하며 질투하는 사람'이라고 생각하며 비난하게 됩니다. 그러한 감정이 상대방에게서 옮은 것이라고 상상조차 하지 못하는 것은, 그가 겉으로는 속으로 생각하는 것과 다른 말을 내뱉고 있기 때문입니다.

이러한 스스로를 향한 비난이 계속되면 아무리 오랜 시간이 지나도 익숙함이 생기지 않습니다. 즉 자신에 대한 실망감이 가중되기 때문에 점점 더 침울해지는 것입니다.

내담자의 '외로움'이 상담을 해주는 사람의 뇌에 영향을 주고…

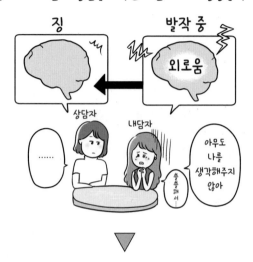

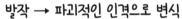

발작 → 파괴적인 인격으로 변식

내담자의 부정적인 사고가 상담자에게 전달되고, 악순환이 일어난다

서로가 서로를
악순환에 빠뜨리는 과정

　그렇다면 사람들은 왜 외롭다고 칭얼대는 사람을 부정적
으로 바라보게 되는 걸까요? "괜찮아! 당신은 혼자가 아니
야!"라고 말해주면 좋겠지만 대개는 상대방을 혼란스럽게 하
는 말을 합니다. 그리고 마음속으로 그 사람을 비난합니다.
이것 역시 거울 뉴런과 관계가 있습니다. 외로움을 느끼는 사
람을 마주하면 그의 외로움이 전달되기 때문입니다. 결국 서
로를 악순환에 빠뜨리는 과정인 셈입니다.

　아무리 대인관계가 원만하고 '괜찮은' 사람이어도 외로움
을 느끼지 않는 사람은 없습니다. 이 세상 그 어떤 훌륭한 사
람도, 그리고 행복해 보이는 사람일지라도 외로움의 발작을
일으켜 파괴적인 인격으로 변할 수 있습니다.

　이럴 경우 상담을 하면 할수록 불쾌한 감정이 쌓여 더욱
상담이 필요해지는 상황이 됩니다. 상담을 해주는 사람은 상
대의 외로움이 자신에게도 영향을 끼친다는 것을 상상하지
못하기 때문에 '이 사람은 왜 응석을 부릴까'와 같은 부정적

인 의문을 갖게 됩니다. 그리고 그것이 자신의 진짜 생각이라고 믿어버리고 맙니다.

사실 이렇게 파괴적이고 부정적인 사고는 '외로움의 발작'이 만들어낸 것으로, 스스로 해낸 생각이 아님을 명심해야 합니다. 또한 만약 누군가에게 상담을 받은 후 기분이 더 안좋아진다거나 자기 자신을 비난하게 된다면 상담 받는 일을 그만두는 것이 좋습니다.

외로움 때문에
파괴적인 성격으로 변하는 이유

한 감정이 격해지면 그것을 평상심으로 돌리기 위해
자동적으로 그 감정과 반대되는 감정이 샘솟습니다.

우리 인간의 몸속에는 항상성을 유지하는 기능이 있습니다. 화가 나서 순간적으로 흥분하더라도 시간이 지나면 평정심을 되찾게 되는 것 역시 항상성을 유지하는 기능이 작용하기 때문입니다.

이런 항상성 기능은 감정에도 작용합니다. 한 감정이 격해지면 평정심을 되찾기 위해 자동적으로 그 감정과 반대되는 감정이 샘솟는 것입니다.

인터넷에서 귀여운 강아지나 고양이의 사진을 봤을 때 귀여운 마음을 주체할 수 없어 "아파트 뿌셔(부숴)"라고 하는 것과 같은 맥락으로 볼 수 있습니다. 극에 달할 만큼 웃음이 나면 눈물이 나는 것도 이와 같은 원리입니다.

사람은 타인에게 '수용(있는 그대로의 자신이 받아들여지는 것)과 공감(자신의 마음을 진정한 의미에서 알아주는 것)'을 원합니다. 이때도 항상성이 작용하기 때문에 '수용, 공감'과 정반대인 '거절, 부정'으로 밸런스를 맞추려고 합니다. 상대방에게 거절당했을 경우 받을 충격을 줄이기 위해 미리 최악의 상황을 예상하는 것이죠.

기대가 크면 클수록
반대 이미지가 생겨난다

예를 들어 고객센터에 클레임을 걸 때, 미리 상대방이 강한 태도를 취할 것을 예상하고 상대방과 싸우게 되는 상황을 상상합니다. '거절과 부정'은 굳이 의식하지 않아도 자동적으로 머릿속에서 작용합니다.

고객센터에서 "대단히 죄송합니다. 저희 과실입니다"라며 상황을 제대로 이해하고, 요구를 들어줄 것을 원하는 마음이 강할수록 그 반대의 이미지가 떠올라 밸런스를 맞춥니다. 전화를 걸기 전부터, 고객센터 담당자가 "당신이 잘못 사용한 거 아닙니까?"라든지 "저희는 고객님의 요구사항을 들어드릴 수 없습니다"와 같이 자신을 거절하고 부정하는 이미지가 무의식적으로 떠오르고 맙니다.

이렇듯 기대했던 '수용과 공감'을 얻을 수 없다는 데서 오는 외로움이 계기가 되어 밸런스가 깨지고, '거절과 부정'으로 인해 파괴적으로 변하고 맙니다.

뇌의 신경 관점에서 보면 수용과 공감과 같은 긍정적인 감정을 느낄 때 흥분을 억제하는 제어계의 신경이 작용하고, 거절과 같은 부정적인 감정을 느끼면 흥분계의 신경이 강하게 작용합니다. 이는 뇌 속에서 일어나는 전기자극의 충격을 줄이기 위함입니다.

그러나 외로움의 자극으로 인해 제어계의 힘이 약해지면 뇌에 심한 전기적 혼란(과잉흥분)이 생깁니다. 과잉흥분이 발

상사에게 칭찬을 받는다고 기대하는 한편으로

지적받는다는 이미지가 떠올라 밸런스를 맞춥니다

기대했던 반응을 얻지 못하면 뇌 안의 전기 밸런스가 무너지고

외로움의 발작이 일어나고 단번에 파괴적인 인격으로 변합니다.

생하면 사람은 파괴적으로 변하고 맙니다.

아주 열심히 일을 한 뒤 상사에게 "잘 했네! 대단해!"라고 칭찬받는 상상을 하는 한편, 반대로 "왜 이렇게 시간이 걸린 거야!"라든가 "제대로 된 게 하나도 없잖아!"라며 지적을 받는 이미지가 떠오르게 되면 우리의 뇌는 밸런스를 맞추기 시작합니다.

그런데 상사가 나를 보지도 않고, 한 손으로 서류를 훌훌 넘기며 대충 "네, 수고했어요"라고 말했다고 합시다. 나의 수고를 알아주지 않는다는 데서 외로움을 느끼면, 자극당한 뇌 안에서 전기 밸런스가 무너져 발작을 일으키며 파괴적인 인격으로 변하게 됩니다. 그리고 '저런 상사 밑에서는 더이상 일하고 싶지 않아'라고 생각이 들어 갑자기 이직활동을 하기 시작합니다.

주변 사람들이 보면 '왜 그렇게까지?'라고 생각할 수도 있겠지만, 기대가 크면 클수록 그 밸런스를 맞추기 위한 반대 이미지가 생겨납니다. 그래서 우리의 뇌 속은 혼란을 느끼고 심한 전기충격이 일어나 파괴적인 인격이 되어버리는 것입니다.

'거절'과는 반대인
'수용'의 이미지

어떤 여성이 솜씨를 발휘해서 저녁을 만들고, 남편을 기다
릴 때의 일입니다. 그때 여성은 평상시 패턴을 통해 '이렇게
열심히 요리를 만들어줘도 그 사람은 고마워하지 않을 거야'
라며 부정적인 상상을 되풀이합니다. 상상은 점점 더 부정적
인 방향으로 흘러 남편이 연락도 하지 않고 "오늘은 밖에서
먹고 왔어"라든가 "점심을 많이 먹어서 저녁은 가벼운 것이
좋겠어"라는 말을 하는 생각으로까지 이어집니다.

이때 인간의 머릿속에는 반드시 항상성을 유지하기 위한
활동이 일어나기 때문에 '거절'과는 반대인 '수용'의 이미지
도 떠오르게 됩니다. "이거 만드느라 힘들었지!"라며 입 안
가득 음식을 넣고 맛있게 먹는 남편의 얼굴이나 "요리 실력
이 진짜 많이 늘었네!"라며 찬사를 하는 남편의 얼굴이 떠오
르는 것입니다.

기대를 하지 않으려 노력해도 상대방의 부정적인 반응을
상상하면 할수록 그 반대의 이미지도 동시에 떠오릅니다. 그

래서 남편이 돌아와 식사를 할 때 맛있냐고 물어볼 경우, 만약 남편이 얼굴도 보지 않고 대충 대답하면 '내 수고는 조금도 몰라준다'는 짜증과 외로움을 느끼고 뇌 안에서 심한 전기적 혼란을 겪게 됩니다.

이는 파괴적인 말과 행동으로 이어져 남편도 부인의 그러한 말과 행동에 "일하고 와서 피곤한 사람한테 그렇게 말할 필요는 없잖아"라며 화를 내게 됩니다. 그러면 관계는 점점 파괴되고 맙니다.

타인의 외로움에
휘둘리지 않기 위해

'외로운 것은 당신뿐만이 아니야'라고 전함으로써
상대방의 '외로움'을 나의 '외로움'으로 없앱니다.

지금까지 살펴본 바와 같이 사람은 외로움을 느끼게 되면
뇌 속에 전기충격이 일어나 발작을 일으키고, 파괴적으로 변
해 과격한 말과 행동을 보이게 됩니다. 그리고 외로움으로 인
해 발작이 일어난 누군가를 도와주려다 보면 그 사람 역시 외
로움의 충격이 옮아 '저 사람은 왜 저럴까?' 하는 식의 분노가
나타날 가능성이 높습니다.

그렇게 되면 외로움을 느낀 사람은 '나 때문인지도 몰라'

라며 죄책감을 느끼게 됩니다. 또한 온종일 상대방을 생각하는 데 시간을 낭비하게 됩니다.

뿐만 아니라 외로움으로 인한 발작에 덩달아 감전되면, 또다시 나의 충격이 상대방에게 전해져 악순환을 일으키고 맙니다. 그렇기에 저희 카운슬러 사이에서는 외로움으로 인한 발작이 일어난 사람을 보면 굳이 참견하지 않고 넘어가는 것이 일반적입니다.

'뭐야, 너무 냉정한 거 아니야?'라고 생각할 수도 있겠지만 앞서 언급했듯 발작이 일어난 사람을 도우려고 하다 보면 함께 감전될 위험성이 있기 때문입니다.

또한 외로움 때문에 말과 행동이 과격해진 사람을 그냥 무시하듯 지나침으로써 상대방의 발작 증세를 멈출 수도 있습니다.

억지로 남을 도우려고 하지 말아야 합니다. 그렇게 하다가는 상대방과 나 자신 모두에게 악영향이 미칠 수 있다는 것을 꼭 기억해주세요.

'발작'을 일으키고 있는 사람과 닿으면 똑같이 감전되기 때문에

'발작 넘어가기'를 통해 상대방의 발작이 멈추기를 기다립니다

발작이 일어난 그를
상대하지 않고 넘어가자

어떤 아내가 퇴근 후 회식을 갔다가 집으로 돌아왔을 때의 일입니다. 남편이 아내에게 "왜 회식 있다고 나한테 미리 얘기 안 했어?"라며 화를 냈습니다. 그때 아내는 '아차!' 싶은 마음이 들면서 '내가 미리 말했어야 했는데' 하고 후회하며 남편에게 사과했습니다.

하지만 남편은 "당신은 늘 그런 식이잖아. 나를 조금도 신경 쓰지 않아!"라며 더욱 화를 냈고, 결국 아내도 기분이 상하고 맙니다. 그렇지만 아내는 자신이 잘못한 것을 인정하기에 "정말 미안해. 하지만 나는 늘 당신을 생각하고 있어"라고 남편에게 말합니다.

그럼에도 남편은 "당신은 언제나 말뿐이야. 조금도 실천하지 않잖아"라고 말하고, 아내는 또다시 미안하다고 대답할 뿐입니다. 남편의 분노는 점점 상승하고, 아내와 함께 있고 싶지 않다는 생각까지 하게 됩니다.

이것은 흔한 일이기 때문에 '이게 무슨 발작이야?'라고 생각할지도 모릅니다. 사실 남편은 '왜 나는 동료들이 회식에 불러주지 않지?' 또는 '아내는 나보다 회사 사람들이 우선이다'라는 생각이 든 것입니다. 이를 계기로 뇌 속에 심한 전기적 혼란이 일어나 아내에게 별일 아닌데도 공격적인 태도를 보인 것입니다.

아내는 스스로 의식하고 있지 않지만 '내가 반성을 함으로써 남편의 화를 가라앉히자'는 생각을 갖고 있었습니다. 그러나 남편의 발작이 심화되어 자신도 덩달아 기분이 언짢아진 것입니다.

이렇게 충격이 감전되면 둘의 발작은 점점 심해지고, '멈출 수 없는' 상태가 됩니다. 이럴 경우에는 화가 난 사람을 상대하기보다는 그에게 발작이 일어난 것을 인식하고, 상대하지 않고 넘어가는 자세를 취하는 것이 좋습니다.

그렇다고 해서 상대방을 무시하거나 침묵하는 등의 태도를 보이면 안 됩니다. 그렇게 하는 것보다는 "1시간 후에 돌아올게"라고 상대방에게 말한 후에 근처에 있는 카페나 공원에서 시간을 보낸 후 어느 정도 시간이 흘렀을 때 다시 집으로 돌아가는 것이 좋습니다.

상대방이 발작을 일으키고 있을 때 머릿속으로 '나는 외롭다'고 말하고…

'외로운 것은 당신뿐만이 아니야'라고 전함으로써
상대방의 '외로움'을 나의 '외로움'으로 없앤다.

상대방의 기분이 풀렸다면 "아까는 미안해"라는 말로 지나간 일을 다시 꺼내지 않아야 합니다. 그렇게 하면 또다시 같은 일이 반복될 수 있기 때문입니다.

오히려 아무 일도 없었던 것처럼 자연스럽게 생활하는 것이 둘 사이를 회복하는 데 훨씬 더 도움이 됩니다. 상대방이 발작을 일으켰을 때는 상대방이 혼자만의 시간을 가질 수 있도록 환경을 조성하는 것이 좋습니다.

'나도 외롭다'며
마음속으로 말하자

직장 상사처럼 어려운 사람이 발작을 일으키는 경우 그냥 내버려두는 것이 조금 힘들 수도 있습니다. 그럴 때는 다른 방법을 사용하면 됩니다. '나도 외롭다'며 마음속으로 말하는 것입니다.

상대방이 화를 내면 나의 뇌는 자동적으로 상대방의 감정에 영향을 받게 되고, 상황을 극복하기 위해 쓸데없는 말을 늘어놓음으로써 관계를 더욱 악화시킬 수도 있습니다. 이럴 때 머릿속으로 '나도 외롭다'고 생각하면 이 사람의 외로움을 내가 해결해줘야 한다는 의무감으로부터 벗어날 수 있습니다. 그리고 이성적으로 상대방의 감정을 바라볼 수 있게 됩니다.

상대방이 '나 혼자만 외로운 게 아니다'라는 생각을 갖게 되면 항상성을 유지하려는 마음에 평정심이 생기고 밸런스가 잡혀 발작이 멈추는 것입니다.

상대방의 외로움이
암시하는 것

마음속으로 '나도 외로워'라고 말하면 후련해집니다.
그래서 '마음의 눈으로 보는' 것은 흥미롭습니다.

누구라도 외로움을 느끼면 뇌 안에 심한 전기적 혼란이
일어납니다. 그럴 때 '이 사람의 불쾌한 감정을 내가 해결해
줘야겠다'는 생각으로 손을 내밀면 오히려 그의 발작은 점점
심해지고, 나중에는 상대방의 외로움에 자기 자신마저 휘둘
리게 됩니다.

TV 드라마 속 주인공처럼 '아 저 사람은 지금 외롭구나!'
하고 알기 쉽다면 외로운 사람에게 다가가면 안 된다든가 이

사람의 외로움을 해결하려고 하면 나까지도 휘둘리고 말 것이라는 걸 알 수 있습니다. 하지만 실제로는 알아차리기가 어렵기 때문에 골칫거리처럼 느껴집니다.

그러니 상대방의 외로움을 알아차릴 수 있는 방법을 이용해봅시다. 그것은 바로 '지금 나는 외로움을 느끼고 있나?'라고 생각하는 것입니다. 상대방도 아니고 왜 나의 외로움을 먼저 체크해야 하는지 의문을 품을지도 모릅니다. 이것은 상대방을 흉내 내는 뇌 속 거울 뉴런의 성질을 이용하는 방법이므로 효과가 있습니다.

'마음의 눈'으로 본다는 것의
의미를 알자

소설이나 만화에서 득도를 한 사람이 "마음의 눈으로 보아라!"라고 말하는 장면을 쉽게 찾을 수 있습니다. 어렸을 때는 '뭐? 어떻게 마음의 눈으로 보라는 거지?'라며 의문을 느꼈지만, 거울 뉴런이라는 개념을 알고 나서부터는 그러한 말이 어떤 의미였는지 이해할 수 있었습니다.

뇌는 상대방의 감정을 흉내 내기 위해 눈앞에 있는 상대방의 표정이나 말과 행동에 주목하는데, 상대방에 집중하지 않고 자신이 느끼고 있는 것에 주목해 상대방의 마음을 헤아리는 것이 바로 '마음의 눈으로 보는 것'입니다.

예를 들어 배우자가 "왜 내가 말한 걸 제대로 안 하는 거야!"라며 갑자기 화를 냈다고 가정해봅시다. 하루 종일 뒹굴거리며 나른하게 인터넷을 하다가 그 사람이 부탁한 것을 완전히 잊어버리고 있었던 것입니다. 배우자의 얼굴을 보고 나서야 그 사람의 부탁이 떠오르고, 아뿔싸 큰일 났다는 생각이 듭니다.

그러나 오히려 적반하장으로 화를 내며 "나도 나름대로 바빴어. 그리고 나는 당신 가정부가 아니니까 그렇게 부하 대하듯 굴지 마!"라고 반문할 것입니다. 그렇게 되면 배우자도 더욱 화가 나 큰소리를 치고 관계는 악화될 것입니다.

하지만 여기서 생각을 바꿔 배우자가 분노를 터뜨릴 때 '지금 내가 외로움을 느끼고 있나?'라고 생각해봅시다. 그때 자신의 내면을 들여다보면 배우자에게 그런 말을 들었기 때

배우자에게 분노를 터뜨렸을 때

…라고 생각하며
분노를 바라보면

분노의 정체를 알게 되었습니다.

문에 내가 화가 나는 것이 아니라 이 감정은 배우자에게서 전달된 것임을 알 수 있습니다. 그렇게 하면 배우자의 감정을 객관적으로 판단할 수 있게 되고, 그가 지금 아무도 자신을 소중히 여기지 않는다는 외로움 때문에 화가 난 것임을 알 수 있습니다.

하지만 배우자가 무례한 말과 행동을 하면 '배우자에게서 전달된 분노가 아니라 내가 스스로 느끼고 있는 거 아니야?'라고 생각하게 되면서 상대방의 외로움에 휘둘립니다.

그래서 상대방에게 주의를 기울였을 때 뇌가 자동적으로 상대방을 흉내 내는 것을 '마음의 눈으로 보는 것'이라고 합니다. 이렇게 하면 '이 사람은 아무도 자기를 소중히 여겨주지 않아 외로움을 느끼고 있다'라는 것을 알 수 있습니다.

나에게 분노를 터뜨리고 있는 것이 외로움의 발작 때문이라는 것을 알면 '발작 넘어가기'를 사용해서 그 자리를 떠날 수 있습니다. 그렇게 하면 "아까는 미안했어"라며 상대방이 사과를 할 것이고, 상대방의 이야기를 듣고 나면 '역시 내가 외로웠던 게 아니야'라는 것을 알게 되면서 마음의 눈으로 보는 건 굉장하다는 것을 비로소 깨닫게 됩니다.

'나는 외로움을 느끼고 있나'라며
마음의 눈으로 보자

어떤 사람이 친구와 함께 차를 마시며 이야기를 하던 중 친구에게 "넌 사교성이 부족해. 그러니까 친구가 없는 거야"라는 말을 듣고 당황해 머릿속이 새하얘졌습니다. 그 순간 '내가 그렇게 모두에게 미움을 받고 있는 건가?' '다들 뒤에서 내 험담을 하는 건가?'라는 생각에 심장이 쿵 내려앉고, '이제 애랑은 더이상 만나고 싶지 않아'라고 생각하게 됩니다.

하지만 이렇게 내가 불쾌해진 것은 상대방이 파괴적인 인격으로 변했기 때문일 가능성이 있습니다. 그래서 '나는 외로움을 느끼고 있나?'라며 마음의 눈으로 보기로 합니다. 확실히 심장이 내려앉는 '외로움'이나 '비참함'을 느꼈다는 것을 알게 되고, 상대방에게 "그러니까 친구가 없는 거야"라는 말을 들었으니 비참함을 느끼는 건 당연하다며 그 감정을 이내 자신의 것으로 여기게 됩니다.

그러나 '나는 외로움을 느끼고 있나?'라며 마음의 눈으로 한 번 더 들여다보면 자신이 상대를 해주지 않아서 상대방이 외로움을 느끼고 비참해졌다는 것을 알고 후련해집니다.

상대방의 외로움에 휘둘리지 않도록 상대방의 눈을 보면서 "그렇구나"라고 맞장구치며 마음속으로 '나도 외로워'라고 말하면 상대방의 얼굴이 온화한 표정으로 바뀝니다. 그래서 '마음의 눈으로 보는' 것은 흥미롭습니다.

반성을 하면
왜 '그 사람'이 싫어질까?

반성은 상대의 발작을 해결해 가라앉히는 의도입니다.
결국 나도 감정되어 상대의 발작을 더 악화시킵니다.

동물의 경우에는 위험을 느끼면 '싸울까 or 도망갈까' 둘 중 하나를 선택합니다. 인간이 다른 동물과 다른 점은 위험을 느꼈을 때 '싸울까 or 도망갈까' 뿐만 아니라 '반성'을 한다는 것입니다.

상대방이 화를 냈을 때 동물의 경우에는 '싸울까 or 도망갈까' 둘 중 하나의 반응을 보입니다. 하지만 인간은 '나의 말과 행동이 그 사람을 화나게 했을지도 몰라'라며 반성을 합니다. 그리고 자신의 말과 행동에 대해 사죄하거나 상대방의 화를 진정시키려는 방법을 취합니다.

사과를 계속 하는데도
오히려 더 화를 내는 상대의 심리

예를 들어 약속시간에 늦었을 때, 약속시간보다 훨씬 빠르게 도착한 상대방이 "왜 늦었어!"라며 화를 낸다고 합시다. 그 표정을 보고 '좀더 빨리 나왔어야 했는데, 다음부터는 절대로 약속시간에 늦지 말아야겠다'라고 반성하며 미안하다고 사과합니다.

이것은 상식적으로 생각하면 당연한 일입니다. 약속한 시간을 지키지 못함으로써 상대방에게 민폐를 끼쳤기 때문입니다. 반성을 하는 것이 당연하고, 상대방도 사과를 하는 것이 당연하다고 생각할 것입니다.

하지만 "늦어서 미안해"라고 사과했을 때 "넌 항상 그런 식이야"라며 상대방의 분노가 오히려 더욱 증폭되는 경우가 있습니다. 이럴 때 '어? 제대로 반성하고 사과했는데'라는 생각이 들면서 상대방의 화가 가라앉지 않는 것에 짜증이 납니다. 그러면 상대방이 "너, 제대로 반성하지 않잖아"라고 말합니다.

"아니야. 늦어서 정말 미안하다고 생각했어"라고 말하지만 화가 난 상대방은 "넌 그렇게 항상 말뿐이잖아. 반성했다고 말로만 사과하고 항상 똑같은 일을 반복해. 대체 무슨 생각을 하는 거야?"라며 내가 도망갈 곳 없이 비난합니다.

내가 한숨을 쉬면서 "정말로 미안해"라고 사과를 해도 "진심이 조금도 들어 있지 않아. 넌 전혀 잘못했다고 생각하지 않잖아"라고 질책하면 변명의 여지가 없어서 자신도 마찬가지로 짜증이 나고 이성을 잃어 "나도 바쁘다고! 널 만날 시간 따위 없으니까!"라며 소리치게 됩니다. 급기야 상대방은 "진짜 짜증나!"라고 말하며 돌아가버립니다.

결국 자신 때문에 상대방이 화가 난 것에 미안함을 느껴 혼자서 반성하고, 불쾌한 기분이 가득한 채로 잠들지 못합니다. 그럴 때 속으로 '나는 외로움을 느끼고 있나?'라고 말하며 내가 지각한 것 때문에 화를 내고 있는 상대방을 마음의 눈으로 봅시다. 자신의 마음속을 들여다보면 확실히 눈앞의 상대방은 화를 내고 있고, 자신의 안에는 두려움이 있다는 것을 알게 됩니다. 자신이 지각한 것 때문에 상대방이 화를 내고 있으므로 상대방이 무슨 말을 할까, 어떤 행동을 할까 두려워 겁을 내는 건 당연하다고 생각합니다.

하지만 '나는 외로움을 느끼고 있나?'라고 마음의 눈으로 한 번 더 보면 그 두려움 아래에는 '자신이 가치 없는 인간으로 여겨져 버려질 것'이라는 상대방의 '외로움'이 숨어 있다는 것을 알 수 있습니다. 화를 내고 있는 상대방이 겁을 내며 '외로움'을 느끼는 것처럼 보이지 않는 것은 발작을 일으키고 있기 때문입니다.

나의 '반성'은 상대방의
외로움의 발작을 없애지 못한다

반성이라는 것은 자신의 잘못된 말과 행동을 의식하고 개선하자는 의도가 있는 것인데 그 본질은 '상대방의 화를 가라앉혀 이 위험을 회피하자'는 것에 있습니다. 즉 상대방의 발작을 해결해서 마음을 가라앉히려는 것이기 때문에 '나도 점점 감전되어 상대방의 발작을 악화시킨다'는 것입니다. 그 결과 나에게 화를 내고 있는 상대방이 점점 싫어지는 패턴이 됩니다.

상대방이 지각을 했다는 이유로 자신을 소중하게 대하지 않는다고 느끼면 뇌 안의 '수용과 공감' 밸런스가 약해지고, 심한 전기적 혼란이 생기는 발작이 일어나기 때문에 상대방은 파괴적인 인격으로 변하고 분노가 가라앉지 않는 상태가 됩니다. 이럴 때 '반성'은 상대방의 외로움의 발작을 없애지 못하기 때문에 반성하면 할수록 상대방이 점점 싫어지는 것입니다.

그렇지만 '나는 외로움을 느끼고 있나?'라며 마음의 눈으로 보면 상대방의 외로움이 보이기 때문에 발작을 더욱 악화시키는 반성을 할 필요가 없어집니다. 상대방의 눈을 보면서 '나도 외로워!'라고 생각하면 분노가 전처럼 부풀어 오르지 않기 때문에 정말로 반성은 필요가 없습니다.

내가 반성을 하게 되면 상대방의 '외로움'은 영원히 눈치 챌 수 없습니다. 그래서 반성하는 사람들을 보면 상대방을 점점 싫어하게 되는 무서운 현상을 볼 수 있습니다. 반면에 상대방의 외로움을 제대로 깨닫고 '나도 외로워!'라고 생각하면 상대방의 발작은 멈추고, 마침내 사람과 일체감을 느낄 수 있게 됩니다.

자주 반성하는 사람은 반성을 해서 자신을 바꾸면 주변 사람과 일체감을 느낄 수 있다고 착각합니다. 그러나 반성하면 할수록 주변 사람들은 파괴적으로 변하고 외로움이 점점 커집니다.

반성을 반복하다 보면
타인에 대한 증오가 자라난다

당신은 '반성'을 하는 것이 옳은 행위라고 생각하지만
상대방은 '나를 적으로 인식하고 있어!'라고 느낍니다.

한 여성은 집 근처에 쓰레기를 버리러 갔을 때 이웃에 사는 중년 여성이 험악한 눈빛으로 쳐다봐서 '어라? 내가 저 사람한테 무슨 잘못을 했나?' 하는 생각을 했던 적이 있었습니다. 혹시 지난번에 음악을 조금 크게 튼 것 때문에 화가 난 건지 고민하고 '다음부터는 음악 소리에 신경을 쓰자!'라고 반성했습니다.

시간이 지나고, 어느 날 그 여성을 다시 마주쳐 "안녕하세요" 하고 인사를 건넸습니다. 하지만 그 여성은 인사를 무시했고, 기껏 먼저 상냥하게 인사를 했는데도 왜 저러는 건지 이해가 안 되고, 분노가 치밀었습니다.

그 여성의 태도를 보고 곰곰이 생각해보다가 '집에서 싸우는 소리가 저 사람한테 들려서 그것 때문에 나를 경멸하는 것일지도 몰라!'라는 생각에 이르러 '싸우지 않도록 신경 써야겠어. 나를 이상한 사람이라고 생각하지 않도록 태도를 좀 더 바로 해야지'라고 그녀는 다짐했습니다.

그러나 얼마 후 그 여성이 "저기요, 쓰레기 좀 제대로 버려주실래요?"라고 말하자 그녀는 충격을 받았습니다. 반상회에서 정한 사항들을 제대로 지켜서 내고 있는데 우리 집 쓰레기를 일부러 확인하는 건가 싶어 부글부글 화가 치밀었고, "저희는 쓰레기를 제대로 구분해서 버리고 있는데요"라고 반론했습니다.

그러자 이번에는 다른 이웃의 태도까지 변했다는 것을 알게 됐습니다. 그때 그녀는 '아! 큰일 났다! 그 여자가 이상한 소문을 냈어!'라는 생각이 들면서 그 여성에게 강한 어조로 말한 것을 반성함과 동시에 기분이 안 좋아졌습니다. 그 여성이 점점 자신을 몰아붙이는 것 같은 기분이 들고, 심지어 이사 가고 싶다는 생각까지 들었습니다.

나의 '반성' 때문에
점점 더 나쁜 사람이 되다

이 이야기를 다른 사람에게 상담하니 "그런 이상한 사람은 신경 안 쓰면 되잖아"라고 말했습니다. 하지만 그녀는 자신의 행동을 제대로 반성하고, 상대방을 화나게 하면 안 되겠다고 생각했습니다.

나를 불쾌하게 만드는 '이상한 사람'이 사실은 외로움의 발작을 일으키고 있을 뿐이라는 현실은 상상조차 하기 힘듭니다. 왜냐하면 이 이상한 사람의 뻔뻔하고 불쾌한 태도 때문에 자신감이 넘치는 것처럼 느껴져 외로움과는 관계가 없는 것처럼 보이기 때문입니다.

그런 여성을 눈앞에 두고 속으로 '나는 외로움을 느끼고 있나?'라고 말하며 마음의 눈으로 보아도 상대방에게 미움을 받는 데에 불쾌함을 느끼는 것은 당연하다고 생각합니다. 왜냐하면 그 여성이 분명히 불쾌한 태도를 취하고 있기 때문입니다.

하지만 '나는 외로움을 느끼고 있나?'라고 마음의 눈으로 한 번 더 보면, 그 여성이 다른 사람들이 자신을 무서워해서 외로워한다는 것이 보이게 되면서 '뭐야? 이런 이상한 사람도 외로움을 느끼고 있어?' 하고 충격을 받게 됩니다.

즉 다른 사람이 자신을 경계하고 무서워하기 때문에 다른 사람에게 거절당하는 데서 외로움을 느끼고 발작을 일으켜 파괴적인 인격으로 변한 것입니다. 그리고 뻔뻔한 태도를 취하거나 기분 나쁜 말과 행동을 해서 점점 더 나빠 보이는 사람이 되는 것입니다.

그런데 그 여성을 대했던 그녀의 행동을 동물적으로 생각해보면 '동료'라는 인식은 전혀 갖고 있지 않고, 적을 눈앞에 두었을 때 '싸울까 or 도망갈까'를 생각하는 것과 동일하게 반응을 했기 때문에 상대방은 외로움으로 인한 발작을 일으킵니다. 여기서 반성을 하면 더욱더 '나를 적으로 인식하고 있어'라고 느껴 발작이 멈추지 않게 되고, 점점 더 나쁜 사람이 됩니다.

반성하지 말자고
결정해야 한다

아이를 키우는 부모에게도 비슷한 일이 일어납니다. 예를 들면 아이가 부모의 말을 조금도 듣지 않고 게임만 하며 공부를 하지 않아서 그대로 두면 진학도 어려운 상황입니다.

이때 아이 엄마가 '나의 양육 방식이 잘못되어서 아이가 이렇게 되어버렸어'라고 반성하고, 자신의 양육방식을 고치려고 하면 아이는 점점 더 게임을 그만둘 수 없게 됩니다. 여기서 "엄마가 잘못했으니까 공부 좀 제대로 하자!"라고 말해도 "싫어!"라며 험한 말을 내뱉는 버릇없는 아이로 변하는 것은 외로움으로 인해 발작을 일으키기 때문입니다.

이런 상황이 생겼을 때 아이 아빠는 "당신이 아이를 오냐오냐 키워서 이렇게 되었다"며 아내의 양육 방식이 잘못됐다고 아내를 질책하는 한편, 마음속으로는 내가 가정을 돌보지 않아서 이렇게 되었다고 반성하기 쉽습니다.

하지만 그런 식으로 아이 아빠까지 마음속으로 반성하게 되면 그것이 확실하게 아이에게 전해져 아이는 더욱 난폭해

'나도 외로워'라며 아이의 눈을 보고 말하면…

나도
외로워

반성하지
말자!

거울 뉴런으로
아이에게 전달되고

아이의 '외로움'의 발작은 멈추고

일체감

묘한 일체감에 둘러싸인다

지고, '우리 아이는 이런 아이가 아니었는데, 그렇게 순했던 아이가 왜 이러지'라고 느낄 정도가 됩니다.

이런 상태에 빠진 아이와 이야기를 해보면 자신이 부모님에게 부스럼 취급을 당하는 느낌이라고 표현합니다. 하지만 부모는 자신들이 지금까지 아이를 대한 방식을 반성하고 있으니 아무 문제없을 것이라고 생각합니다.

부모가 반성하게 되면 아이는 자신을 위험하게 여긴다고 인식하게 됩니다. 그래서 아이는 반성을 하는 부모님으로부터 괴물 취급을 당하는 것과 똑같은 느낌을 받고, 부모님과 다르다는 외로움으로 인해 발작이 점점 심해지며 버릇없는 아이가 되는 것입니다.

반성하지 말자고 결정하고, '나도 외로워'라는 마음의 눈으로 보면 그것이 거울 뉴런으로 아이에게 전달됩니다. 아이 아빠가 아이의 눈을 보고 '나도 외로워'라고 속으로 말하면 아이의 외로움의 발작은 멈추고, 아이는 묘한 일체감에 둘러싸입니다.

분노 뒤에는 반성하는 마음이
숨겨져 있다

반성해도 다정한 피드백이 없어 '외로움'을 느끼기에
사람은 반성하면 할수록 분노에 휩싸이는 것입니다.

겉으로는 다정하고 좋은 사람을 연기해도 마음속으로 갑자기 '왜 저런 녀석에게 저런 말을 들어야 하는 거야!'라며 분노가 치미는 경우가 있습니다. 그리고 상대방에게 앙갚음을 하는 모습을 생각하다가 기분이 아주 더러워집니다.

이를 깨닫고 자신의 그릇이 작음을 반성하고 좀더 그릇이 큰 사람이 되고 싶다고 생각하지만 순식간에 '왜 나만 이런 일을 당해야 하는 거야'라든가 '왜 그 녀석은 그런 태도를 취하는 거야!' 하는 생각에 분노가 치밀고, 소중한 시간을 낭비하며 반성을 되풀이합니다. 왜 분노에 홀리는 것일까요?

분노에 홀리는 원인은
놀랍게도 '반성'이다

그 원인은 '반성'에 있습니다. 반성은 자신이 한 행위를 되돌아보고 '내가 나빴다'라든가 '잘못했다' 등의 평가를 내려 그것을 고치려고 주의하는 것입니다. 하지만 반성을 하고 행동을 고쳐도 아무도 알아주지 않고, 아무도 인정해주지 않는 것이 현실입니다. 그것이 외로움을 자극하고 발작을 일으키기 때문에 결국에는 파괴적인 인격으로 변해 분노가 멈추지 않게 됩니다.

상대방에게 "나는 반성하고 앞으로 개선할 거야"라고 말해도 진정으로 믿어주지 않는다든지 이해해주지 않는다는 것이 상대방으로부터 전해졌을 때, 외로움을 느껴 발작을 일으키고 분노를 느낍니다. 하지만 '나는 이렇게 반성하고 노력하고 있는데 아무도 알아주지 않아'라고 느끼는 것은 당연한 것입니다. 왜냐하면 사람은 모두 자기중심적이기 때문입니다.

사람은 어떤 일이 잘 되면 '자기 덕'이라고 생각합니다. 그리고 실패하면 '남의 탓'으로 여기기 쉽습니다. 뭔가가 잘 되었을 때 입으로는 '여러분 덕분에'라고 말하지만 마음속으로는 '자기 덕분'이라고 믿는 것입니다. 따라서 반성하며 말과 행동을 고치려고 해도 아무도 인정해주지 않는다고 생각하는 것은 당연합니다. 반성하고 행동이 조금이라도 바뀐 것을 받아들이고 칭찬해주면 외로움 따위를 느끼지 않을 텐데, 그것이 가능한 사람은 거의 없습니다.

신을 믿는다고 해도 '이렇게 반성하고 노력하고 있는데 왜 제대로 보상해주지 않는 거야!'라는 식으로 화만 치밉니다. 반성을 해도 아무도 다정한 피드백을 해주지 않아 외로움을 느끼기 때문에 사람은 반성하면 할수록 더욱더 분노에 휩싸이는 것입니다.

반성이 분노로 바뀌는 또 하나의 이유는 반성할수록 스트레스가 쌓이기 때문입니다. 원래 눈앞에 싫은 사람이 있으면,

앞에서 말했듯이 동물적으로 '싸울까 or 도망갈까' 둘 중 하나의 반응을 취합니다. 왜냐하면 그 순간에 싸움을 선택하면 스트레스를 발산하게 되고, 도망가기가 가능하면 그 스트레스에서 벗어날 수 있어 뇌에 스트레스가 대전되지 않는 상태가 되기 때문입니다.

그래서 싫은 사람과 직면했을 때 인간 특유의 반성이라는 대처 방식을 취하면 싫은 사람에게 계속 스트레스를 받는 상태가 됩니다. 그리고 반성하면 할수록 그 사람의 발작은 더 심해지고, 불쾌함이 점점 늘어나 뇌에 스트레스가 대전되고 맙니다. 그 대전된 스트레스가 분노가 되는 것입니다.

뇌에 스트레스가 대전된 상태이기 때문에 사소한 일에도 화가 나고 '왜 나만 이런 일을 당하는 거야!' 하고 분노가 치밀다가 마침내 '펑' 하고 폭발합니다. 스트레스가 대전된 상태에서는 '왜 나만 이렇게 참아야 하는 거야!'라는 심리상태에 빠집니다. '나만'이라는 외로움으로 뇌의 전기가 심해지고 어지러워져 파괴적인 인격으로 변하고, 분노를 컨트롤할 수 없는 상태에 빠지게 됩니다.

인간은 자기가 반성하고 있는 것을 아무도 알아주지 않고,

인정해주지 않는다고 느끼기 쉬운데, 동시에 자신도 다른 사람이 반성하고 있는 것을 전혀 모릅니다. 그래서 반성을 하면 '나만 반성을 하고 힘들어하고 있어'라는 외로움에 빠지고, 결국 파괴적인 인격이 되는 것입니다.

반성하는 것을 그만두니
모든 일이 술술 잘 풀리다

어떤 남성이 직장에서 상사에게 주의를 받아 깊이 반성을 하고 '일을 좀더 제대로 하자' 하고 결심했습니다. 하지만 집으로 돌아가면 '다른 녀석은 똑같은 일을 해도 주의를 받지 않는데 왜 나만 그런 말을 들어야 하는 거야!'라며 분노가 치밀고, 분해서 잠도 잘 수 없는 상태가 됩니다. 그것이 계기가 되어 '다른 녀석이 한 일은 인정받는데 나만 인정받지 못 한다'는 감정이 솟구칩니다. '이런 회사, 이제 그만두겠어!'라고 생각하지만 정말 그만두면 경제적으로 불안해진다는 생각에 굉장히 비참한 기분이 들어 더욱 잠들지 못합니다.

그리고 겨우 지각을 면하는 시간에 마지못해 회사에 가서 상사에게 눈총을 받고, 다시 주의를 받으면 왜 자신만 주의를 받아야 하는지 의문을 갖고 상사에게 분노를 느낍니다. 시간이 지나고 나서야 상사에게 주의를 받았을 때 부루퉁한 태도를 했을지도 모른다며 반성을 하지만 상사는 점점 더 그를 눈엣가시로 여기게 됩니다.

　　그런데 반성하는 것을 그만두자고 생각했더니, 어째서인지 상사가 눈총을 주지 않고 타깃이 다른 사람으로 바뀌었다는 것을 알았습니다. '그렇게 끈질기게 눈총을 줬는데 왜?'라고 생각할 정도로 자유로워졌고, 회사에 대한 분노도 전혀 느끼지 않게 되었습니다. 큰일 났다고 생각할 만한 일이 일어나도 반성을 하지 않으니 일의 실패가 줄어들었는데, 이는 분노에서 해방되어 집중력이 늘었기 때문이었습니다. 또한 곰곰이 생각하다 밤을 새는 일도 줄었기 때문이었습니다. 남성은 점차 회사에서 모두에게 인정을 받게 되었고, 무사히 다른 회사로 이직할 수 있을지도 모른다는 희망을 가질 수 있게 되었습니다.

CHECK POINT!

- 당신은 상대에게 나는 너무 외롭다고 털어놓지만 그는 '이 사람은 이렇다'라고 단정지어버릴 뿐입니다.

- 화가 난 그를 상대하기보다는 그에게 발작이 일어난 것을 인식하고, 상대하지 않고 넘어가는 것이 좋습니다.

- 상대방에게 주의를 기울였을 때 뇌가 자동적으로 상대방을 흉내 내는 것을 '마음의 눈으로 보는 것'이라고 합니다.

- '나는 외로움을 느끼고 있나?'라며 마음의 눈으로 한 번 더 들여다보면 자신이 상대를 해주지 않아서 상대방이 외로움을 느끼고 비참해졌다는 것을 알고 후련해집니다.

- 날 고치겠다며 자주 반성을 하면 '나만 반성을 하고 힘들어하고 있어'라는 외로움에 빠지고, 결국 파괴적인 인격이 됩니다.

· 외로움의 색을 구분하면 마음이 점점 차분해진다

· 외로움이라는 선글라스로 보면 세상이 다르게 보인다

· 당신을 괴롭게 하는 그 사람에게도 외로움이 내재되어 있다

· 그 누구라도 사실은 모두 똑같다

· 외로움이라는 빛이 사라지면 마음속이 평온해진다

· 어린 시절의 외로움을 깨달으면 과거도 달라진다

· '나만'이라는 생각을 없애면 마음이 평온해진다

3장

'나만'이라는 생각을 없애면
외로움은 사라진다

외로움의 색을 구분하면
마음이 점점 차분해진다

외로움의 색을 구분하면 사람들을 보는 게 흥미롭습니다.
그렇게 '나만 외롭다'고 느끼고 괴로웠었는데 말입니다.

어떤 여성은 집을 나서 밖으로 나가면 괴로워진다고 합니다. 왜냐하면 밖에 나가면 온통 행복해 보이는 사람들뿐이고, 나만 외로운 것 같아 비참한 기분이 들어 너무나도 답답해지고, 돌 그림자에 숨어 있던 벌레가 양지로 나갈 때 살금살금 숨는 것처럼 아무도 볼 수 없는 곳으로 도망가고 싶어지기 때문입니다.

버스 안에서도 누군가가 즐겁게 이야기하는 것을 보면 심장이 두근두근거리고 괴로워집니다. 의사가 "좁은 곳에서 생기는 패닉이네요"라고 진단해서, 그게 아니라 행복한 사람을 보면 괴로워지는 것이라고 호소했지만 의사는 조금도 이해하지 못했습니다.

'외로움의 색'을
식별한다는 것의 의미

저는 이 여성의 이야기를 듣고 '그 마음 알지! 알지!'라고 공감하며 생각했습니다. 집에 틀어박혀 있던 제가 시골에서 도시로 나왔을 때 전철 안에 있는 사람들이 반짝반짝 빛나고 눈부시게 보이는 반면, 저 혼자만 시골 사람처럼 느껴져 패닉에 빠질 것 같았던 적이 있습니다. 그렇게 남들은 빛나 보이고 '나만 외롭다'고 느끼니 발작을 일으키는 것도 마냥 이상하진 않습니다.

그때 제가 택했던 방법은 지역의 색을 구별하는 것이었습니다. 전철 안에 있는 사람의 얼굴 특징, 복장, 말할 때의 억양에 귀를 기울여 '아, 이 사람은 ○○ 출신이다'라는 것을 알고 나니 '나만 시골 사람인 건 아니었어!'라는 생각에 왠지 즐거워졌고, 전철에서의 시간이 짧게 느껴졌습니다. 도시 사람은 눈부시다고 생각해 소외감을 느꼈지만 사람들을 제대로 보고 난 후에야 많은 사람들이 저와 같은 시골 사람이라는 것을 알 수 있었습니다. 그리고 '나만 시골 사람'이라는 잘못된 생각이 완전히 사라졌습니다.

그것을 떠올리고 그 여성에게 "주변 사람들을 보고 눈부심을 느꼈을 때는 '외로움의 색을 식별하자'고 속으로 말해보세요"라고 이야기했습니다. 그러자 그 여성은 반신반의하면서도 외출을 했을 때 커플이 걷고 있는 것을 보고 '눈부시다'고 느꼈을 때 바로 '외로움의 색을 식별하자'고 속으로 말해보았다고 합니다.

그러자 풍경이 세피아 빛으로 보이는 것 같아 그녀는 조금 놀랐다고 했습니다. 아까까지만 해도 반짝반짝 눈이 부셔 답답한 느낌이 들었는데 주변의 색이 연하게 느껴졌기 때문입니다.

그녀는 화들짝 놀라 효과를 재확인하기 위해 방금 전의

행복해 보이는 커플을 다시 한 번 보았습니다. 그랬더니 '어라? 저 사람 눈이 웃고 있지 않아!'라는 것을 인식할 수 있었고 '저 커플 상황이 안 좋은 건가?' 하는 생각에 거의 일일연속극을 보는 기분이었다고 합니다.

나만 외로운 것이 아님을
비로소 알게 되다

길을 걷고 있는데 여성 회사원들이 즐겁게 걷고 있는 광경이 그녀의 시야에 들어왔습니다. 평소라면 굉장히 비참한 기분이 들고, 가슴이 답답하고, 더이상 걸을 수 없는 상태가 되기 때문에 그녀는 괴로워질 것 같다는 느낌이 들었을 때 '외로움의 색을 식별하자'고 속으로 말했습니다.

그랬더니 '어라? 저 사람들은 언뜻 보면 밝아 보이지만 일이 잘 되는 느낌은 아니야'라는 것을 알 수 있었고, '뭐야? 이거!' 하고 또 놀랐습니다. 그전까지는 여성 회사원의 유니폼을 보기만 해도, 저들은 회사에서 필요로 하지만 자신은 아무도 필요로 하지 않아서 외롭다는 생각에 너무나 괴로웠는데 눈앞에 있는 여성 회사원을 보고는 '어쩌면 저 사람들 회사에서 짐 취급을 받을지도 몰라'라는 무례한 생각까지 하게 되었습니다.

다른 사람을 부정하면 자기가 즐거워질 것이라고는 생각하지 못했지만 다들 자신과 다를 바가 없다는 것을 깨달은 여성의 발걸음은 가벼워졌습니다.

전철 속의 사람들 모두가 일을 잘하는 사람이라든가 행복한 가정을 갖고 있는 사람이라는 생각에 괴로워질 때도 '외로움의 색을 식별하자'고 속으로 말했습니다. 그러자 넥타이를 똑바로 매고, 일도 잘하며 회사에서 인정받을 것 같은 남성이 싱글싱글 웃으면서 스마트폰을 만지작거리고 있는 것을 보고 '어라? 그다지 진지하게 일을 하지 않아'라는 걸 깨닫게 되고, 조금 전의 감각이 식어버렸습니다.

그리고 행복한 가정이 있을 것 같은 여성을 봤을 때도 '외로움의 색을 식별하자'고 속으로 말해보았더니 결혼반지가 없다는 게 보였습니다. 또한 반지의 흔적을 통해 최근에 반지를 뺐다는 것을 깨달았습니다.

그때부터는 전철을 타거나 거리를 걸을 때 사람들을 보는 것이 매우 흥미로워졌습니다. 그렇게 '나만 외롭다'고 느끼고 괴로웠었는데 말입니다.

외로움이라는 선글라스로 보면
세상이 다르게 보인다

'외로움이라는 색의 선글라스'로 모두 외롭다는 것을
볼 수 있게 되면 가정에서도 직장에서도 밝아집니다.

우리는 외로움이라는 것을 느끼면 '나만' 그렇다고 생각합니다. 다른 사람과 비교하며 '왜 나만?'이라고 생각할수록 외로움은 커지고, 발작을 일으키면 어떤 것도 제대로 되지 않습니다.

어떤 남성은 아이가 태어났을 때부터 부인과의 사이에서 외로움을 느끼게 되었습니다. 태어난 아이를 키워야 하는 부인의 마음은 이해하지만 일이 끝나고 돌아왔을 때 부인에게 "왜 육아에 협조하지 않는 거야!"라는 차가운 말을 들으면 '왜 내 마음만 몰라주는 거야' 하고 부인과 아이에게 분노가 치밀었습니다. 아이의 울음소리를 듣는 것만으로도 엄청난 분노를 느끼고, 이대로라면 아이에게 심한 짓을 할지도 모르겠다는 생각까지 들었습니다.

외로움의 분노를 안은 채 살아가기에
우리는 힘들다

그런 외로움의 분노를 안은 채 일을 하러 갔더니 이번에는 직장에서 자신만 일을 못한다는 생각으로 불안해졌습니다. 자기를 조금도 이해해주지 않는 가족과 함께 있으면 외로움을 느껴 화가 나지만, 이렇게 다른 사람보다 일도 못하는데 앞으로 가족들을 제대로 부양할 수 있을까 생각하니 엄청난 불안이 다가옵니다.

자기 혼자만 일을 못하고, 주변 사람들과 제대로 의사소통을 못하는 것 같은 기분이 들고, 외로움 때문에 기분이 가라앉았습니다. 그러자 점점 집중이 되지 않아 일에 진전이 없었고, 그 결과 잔업을 해야 했기에 상사에게 눈총까지 받게 되었습니다.

그러고 집으로 돌아갔더니 아이의 울음소리가 울리는 방에서 부인이 차가운 목소리로 "아이가 있으니까 좀더 빨리 와"라고 말했습니다. 왜 자신만 이런 일을 겪어야 하는 건가 싶어 외로워진 남성은 결국 굳어서 움직일 수조차 없었습니다.

그런 남성이 카운슬링을 받으러 왔을 때 '외로움이라는 색의 선글라스' 이야기를 했습니다. 그 선글라스로 보면 세상이 다르게 보일지도 모른다고 했더니 남성은 "아! 저는 평소에 너무 눈부시다고 생각했어요"라고 말하고 돌아갔습니다.

하지만 그는 집으로 돌아가 울부짖고 있는 아이와 짜증을 내는 부인의 모습을 보자마자 '왜 나만 이런 힘든 일을 겪어야 하나' 하는 생각에, 기껏 카운슬링을 받고 가벼워진 기분이 다시 푹 가라앉았습니다. 그러자 카운슬러가 말한 '외로움이라는 색의 선글라스'가 떠올랐고, 그런 말을 한들 무슨 소용이 있을까 반신반의하면서도 '외로움이라는 색을 식별하자'고 속으로 말해보았습니다.

그러자 '아내도 독박육아로 인해 굉장히 힘들고 외롭구나'라는 생각이 들면서 아내의 외로움이 보였습니다. 그리고 울부짖고 있는 아이를 봤을 때도 아이의 모습에서 외로움이 느껴졌고, '나만 그런 게 아니었구나'라는 생각에 묘하게 그 외로움을 안아주고 싶어졌습니다.

그래서 처음으로 아이를 불안하게 안은 채 달래고 있는 아내에게 다가가 울고 있는 아이를 받아들고 다정하게 흔들면서 '너도 외롭구나'라는 마음을 전했더니 심하게 울고 있던 아이가 울음을 그쳤고, 손을 뻗어 남성의 얼굴을 만지려는 것이 아닙니까! '이렇게 어린 아이도 외로움을 느끼는구나'라고 생각하니 사랑스럽게 느껴져 다정하게 안아줄 수 있었습니다. 그리고 그것을 보고 있던 아내가 어째서인지 눈물을 흘렸고, 이상하게 남자의 눈에서도 눈물이 뚝뚝 흘러내렸습니다.

그는 카운슬러가 알려준 '외로움이라는 색의 선글라스'가 마음에 들었고, 불쾌한 기분이 들 때마다 그것을 떠올리며 '외로움이라는 색의 선글라스'를 쓰고 세상을 보았습니다. 그러자 누구나 외로워한다는 것이 보였습니다. 회사에서도 자

기분이 안 좋아지면 마음속에서

상대방의 외로움이 보입니다

신만 일을 못한다는 생각이 들었을 때 '외로움이라는 색의 선글라스'를 쓰고 직장을 둘러보았더니 다들 그렇게 일을 잘하는 사람이 아니라는 충격적인 사실이 보여 깜짝 놀랐습니다.

즉 다들 외롭기 때문에 필사적으로 사람들과 관계를 맺고, 회사나 동료로부터 버림받지 않도록 행동한 것입니다. 그것을 '일을 잘하는 것'이라고 착각한 것이고, 이제는 다들 자신과 똑같이 외로워한다는 것을 알았습니다.

모두 외롭다는 것을 알게 되자 그전에는 전혀 느낀 적이 없었던 '라이벌 심리'에 불이 붙었고, 그전까지 질질 끌며 좀처럼 끝나지 않았던 일을 척척 해낼 수 있게 되었습니다.

'외로움이라는 색의 선글라스'를 끼면
삶이 즐거워진다

지금까지 "라이벌이 있는 게 좋다"는 말을 들어도 딱히 와닿지 않았습니다. 하지만 '외로움이라는 색의 선글라스'를 통해 어느샌가 동료에게 라이벌 인식이 생겼고, 그 후로는 일의 효율성도 올라가고 퇴근도 제때 하게 되어 스스로도 깜짝 놀랐습니다.

자신에게 집중력과 일을 정확하게 처리할 능력이 없다고 생각했던 것은 그저 외로움의 발작이었고, 그것이 해소되고 나서야 남성은 이전과는 다른 자신의 모습을 볼 수 있었습니다. '외로움이라는 색의 선글라스'를 끼고 세상을 보면 다르게 보인다는 것을 깨달은 후 그는 삶이 즐거워졌습니다.

확실히 아내도 아이도 반짝반짝 빛나는 것처럼 보였기 때문에 그 빛 속에 자신이 들어갈 수 없을 것 같은 느낌이 들었다는 것을 나중에 알게 되었습니다. 생기 넘치게 반짝이며 일을 하고 있는 동료를 봤을 때 그 눈부심 때문에 전의를 상실했었다는 것을 이제야 알았습니다. 그 눈부심 때문에 움직일 수 없었지만 '외로움이라는 색의 선글라스'을 쓰고 나니 눈부심은 해소되었고, 어떤 일이든 침착하고 확실하게 보고 움직일 수 있게 되었습니다. 그때 카운슬러에게 "평소에 빛이 눈부시다고 생각했다"고 말한 건 틀리지 않았음을 다시 한 번 깨닫게 되었습니다.

당신을 괴롭게 하는 그 사람에게도
외로움이 내재되어 있다

'외로움이라는 색의 선글라스'로 상대방을 보면
외로운 그의 마음을 손바닥 보듯 알 수 있습니다.

아이의 친구 엄마들과 아는 한 여성이 있었습니다. 엄마들
중 한 명이 "남편은 무슨 일을 하세요?" "연봉은 얼마 정도예
요?"라는 식의, 상식적인 사람이라면 묻지 않을 만한 질문들
을 꼬치꼬치 캐물었습니다. 그녀는 적당히 알아서 잘 대답했
는데, 나중에 다른 아이 엄마에게 "그 사람이 말하길 당신은
돈이 많아서 유유자적하며 일도 안 한다고 했어요"라는 말을
듣고 짜증이 났습니다.

이제 그 사람과는 절대로 엮이고 싶지 않다고 생각했는데 아이가 그 여성의 아이와 친해서, 인질을 잡힌 것처럼 관계를 끊을 수 없는 상황이었습니다. 그 후에도 또 기분 나쁜 것을 물어 주변에 퍼뜨렸고, 그런 짜증나는 상황이 반복되자 '그 사람과의 관계를 어떻게 하면 좋을까?'라는 고민을 하게 되었습니다.

너무 외로워서 공격적으로밖에
말할 수 없었던 그녀

그때 '외로움이라는 색의 선글라스' 이야기를 듣고, 그녀는 흥미를 느꼈습니다. 그리고 그 여자가 짜증난다고 느껴질 때 '외로움의 색을 식별하자'라고 생각해보았습니다. 그러자 화려하고 반짝이는 옷을 입고 진한 화장을 한 얼굴이 묘하게 쓸쓸해 보였고, 그녀에게 외로움이 보여 깜짝 놀랐습니다.

아이도 똑똑하고 남편도 사회적으로 높은 지위에 있고 다른 사람의 소문을 같이 말할 수 있는 친구도 있기 때문에 그녀는 외로움 같은 것은 못 느낄 것이라고 생각했지만 '외로움이라는 색의 선글라스'로 그녀를 다시 보니 굉장히 외로운 상태라는 것을 알았습니다.

그 여성이 외로움 때문에 다른 사람의 관심을 받고 싶어서 쓸데없이 참견했다는 것을 알고는 깜짝 놀랐습니다. 사이 좋게 지내고 싶었다면 상대방을 칭찬하거나, 상냥하게 대하는 등의 다른 방법이 있었겠지만 '외로움의 색을 식별하자'고 생각하며 그녀를 보니 그녀가 너무 외로워서 공격적으로밖에 말할 수 없었다는 것이 손바닥을 보듯 보였습니다. 그리고 '외로움이라는 색의 선글라스'로 상대방을 보면, 자신을 알아주길 바라는 마음에 그랬다는 것 또한 알 수 있었습니다.

여성은 누가 자신의 개인적인 것을 물으면 기분이 나쁘기 때문에 상대방도 똑같은 기분일 것이라고 생각했습니다. 하지만 그것은 착각이었고, 외로움을 느끼고 있던 상대방은 자신을 좀 더 알아줬으면 좋겠다고 생각했던 것입니다. 그래서 관심을 갖고 물었더니 기쁜 표정을 지었습니다.

그전까지 그녀는 그 아이 친구 엄마를 '소문을 퍼뜨려 다른 사람을 모함하는 나쁜 사람'이라고 생각했습니다. 그래서 만나는 것도, 얼굴을 보는 것도, 그 사람을 생각하는 것도 불쾌했는데 '외로움의 색'이 그 사람 안에서 보였을 때 이제 상대방을 생각할 필요도 없어졌고, 만날 때의 불쾌함도 사라졌습니다.

그 여자가 자신과 똑같았다고 생각하니 적당한 거리를 두고 편안하게 지낼 수 있게 되었습니다. 그 여성은 이를 통해 무엇인가로부터 조금 자유로워진 것 같다고 말했습니다.

'나한테만' 불쾌한 짓을 한다고 느끼면 외로움을 느끼는 계기가 되어 발작을 일으킵니다. 그리고 '저 사람은 나를 모함하려는 최악의 인간이야'라는 어두운 세상이 눈앞에 펼쳐집니다. 그런 괴물 같은 사람이 있는 세상에서 더욱 외로움을 느끼는 악순환에 빠지고 맙니다.

하지만 상대방에게 '외로움의 색'이 내재되어 있는 것을 보고 당신만 외로운 게 아니라는 것을 알면 발작이 멈춥니다. 그리고 현실 세계가 제대로 보여 상대방에게 겁을 먹고 도망갈 필요가 없어지고, 똑같이 외로움을 느끼는 사람으로 여기고 적당히 거리를 둘 수 있게 됩니다.

'외로움의 색을 식별하자'라고 생각하면
삶이 360도 바뀐다

직장 상사 때문에 괴로워하는 사람이 있었습니다. 시킨 일을 제대로 했다고 생각했는데 상사가 다른 사람들 앞에서 "서류 작성법이 잘못 됐잖아" "보고서 내용이 부족해서 이건 쓸 수가 없어"라며 화를 내는 것입니다. 다른 사람은 자기와 똑같은 일을 해도 조금도 주의를 받지 않는데 자기만 눈엣가시 취급을 받는 것 같아 회사에 가는 것도 내키지 않았다고 합니다.

아침에 눈을 뜨면 상사의 얼굴이 떠올라 기분이 가라앉았습니다. 회사에 가서 얼굴을 마주하면 상사는 "왜 옷이 흐트러져 있어?"라며 굉장히 기분 나쁜 얼굴로 주의를 줍니다. 자기는 누구보다 효율적으로 일을 하고 있는데 상사가 사소한 일로 꼬투리를 잡으면 스트레스를 받고 짜증이 났습니다. 그때 '외로움의 색'을 알게 된 그는 '뭐? 설마 그 상사가 외로움 같은 것을 느낄 리가 없어!'라고 의심했습니다.

하지만 그는 더이상 그 상사 밑에서는 일을 계속 할 수 없다고 생각했기 때문에 '외로움의 색을 식별하자'라고 생각해 보게 됐습니다. 그러자 여러 가지 일을 척척 잘 해내고 다른 부하에게도 존경받고 있다고 생각했던 상사에게서 '외로움의 색'이 보였습니다. 외롭기 때문에 다른 사람에게 칭찬을 받지 못하거나, 인정받지 못하면 힘들어한다는 것이 보였습니다.

그 남성은 자신이 칭찬을 해도 상사는 기뻐하지 않을 것이라고 생각해 '시킨 일만 하자'는 주의였습니다. 자신이 인정한다고 해서 상사에게는 아무런 도움이 되지 않을 것이라고 생각했기 때문에 상사에게 지도를 받아도 당연하다는 태도를 취했더니 상사의 '외로움의 색'이 진해졌고, 그 결과 그런 상황이 벌어졌다고 판단했습니다.

그걸 알게 되니 상사와의 사이가 편해졌습니다. '상사도 나와 똑같이 외로운 인간이다'라고 생각했더니 말을 건네기가 쉬워졌습니다. 일에 대해서 상사에게 제대로 상담하고, 결과를 보고하고, 상사가 기뻐함으로써 관계가 점점 좋아졌고 일의 효율도 올라갔습니다.

그는 순식간에 직장에서 정상의 자리에 올랐고, 동료들이 부러워하는 존재가 되었습니다. 지금까지 상사는 자신을 싫어해서 그랬던 것이 아니라 그저 외로웠을 뿐이라는 걸 알았기 때문입니다.

그 누구라도 사실은
모두 똑같다

'나만 외롭다'고 생각하면 상대방의 외로움을 조금도
눈치 챌 수 없기에 상대의 외로움을 더 자극합니다.

'나만' 외로움을 느끼고, 음지를 걷고 있는 것 같은 기분
이 들면 양지를 걷고 있는 사람들이 나와 완전히 다른 타입의
인간으로 보입니다. 다른 사람의 소문을 말하며 모함하는 괴
물로 보이거나, 상식이 없고 다른 사람의 마음에 거침없이 흙
묻은 발로 들어가 마구 짓밟는 저급한 사람처럼 생각되거나,
자기보다 뛰어난 것을 절대로 허락하지 않는 질투 덩어리의
괴물로 보입니다.

하지만 '외로움이라는 색의 선글라스'로 상대방을 보면 사실은 모두 똑같다는 것을 알 수 있습니다. 당신도 그렇겠지만 상대방도 자신의 외로움을 알아주지 않으면 외로움이 늘어나 발작을 일으키고, 파괴적인 말과 행동을 하고 맙니다. 그렇기 때문에 나만 외롭다고 생각하면 상대방의 외로움을 조금도 눈치 챌 수 없고, 상대방의 외로움을 자극해 상대방은 점점 발작을 일으켜 심한 짓을 하는 식으로 전개가 됩니다.

그는 괴물이 아니라
단지 외로웠을 뿐이다

나만 외롭다는 생각에 '설마 이 사람이 외로움을 느낄 리가 없어!'라는 생각이 드는 것은 어쩔 수 없지만 그렇게 되면 상대방이 점점 괴물이 되어 또다시 그 사람 때문에 괴로워하는 누군가가 생깁니다.

반면에 '외로움이라는 색의 선글라스'로 상대방을 보면

그가 괴물이 아니라 외로웠던 것뿐이라는 것을 알게 되고, 모두 똑같다고 생각할 수 있습니다. 그렇게 하면 상대방도 발작이 멈추고, 상대방 때문에 괴로운 일도 없어집니다. 말하자면 괴물이 눈앞에서 사라지고, 자기와 똑같이 외로운 인간이 되는 것입니다.

이것은 의외로 여러 곳에 응용할 수 있습니다. 저는 의사나 훌륭한 선생님이나 사장님, 유명한 배우처럼 지위가 있는 사람을 대하는 게 서툴렀습니다. 그런 사람들이 옆에 있으면 긴장되는 것은 '나 같은 것은 아무것도 아니다'라는 외로움이 상대방의 지위에 의해 자극받기 때문입니다. 외로움 때문에 긴장해서 겨드랑이에 땀이 나고, 생각처럼 말을 할 수 없게 됩니다.

그뿐만 아니라 상대방도 건방진 태도를 취하게 되므로 '내가 뭔가 잘못을 한 건가?' 하고 나중에 혼자 고민합니다. 상대방의 태도가 나빠진 원인을 생각하고 '그런 말을 하면 안 됐었나?'라든가 '왜 쭈뼛쭈뼛거리지 않고 좀더 제대로 말하지 못했을까?'라며 굉장히 비참한 기분이 들고, 외로움은 더욱 커집니다.

하지만 '외로움이라는 색의 선글라스'로 지위가 있는 사람을 봤을 때 그가 자신과 똑같다는 것을 알고 나면 묘하게 신경을 쓸 필요가 없어지고 쭈뼛대거나 쓸데없는 말을 하지 않고 평소처럼 대할 수 있습니다. 그 결과, 상대방 또한 자신을 다른 사람들과 똑같이 대하게 됩니다. 식은땀을 흘리지 않게 되는 것도 더이상 발작을 일으킬 필요가 없어졌기 때문입니다.

다들 똑같다고 생각하면
비교할 필요가 없어진다

이것을 한 여성에게 말했더니 그 사람은 "저는 잘생긴 사람 앞에 서면 긴장을 해서 말을 할 수가 없어요"라고 말했습니다. 그래서 맞선 파티에 가도 상대방이 미남이면 긴장감 때문에 전혀 이야기를 할 수가 없고, 마음에 드는 상대방을 사로잡을 수 없는 상태였습니다.

그래서 그 여성은 맞선 파티에서 잘생긴 사람을 보면 얼

미남 앞에서 긴장하는 여성도

하아…

마음속으로 '외로움의 색을 식별하자'고 생각하면…

남성의 눈을 봤을 때 상대방의 외로움을 깨닫고

앗!
이 사람도
외롭구나…

긴장하지 않고 말할 수 있게 되었습니다

른 '외로움의 색을 식별하자'고 생각했다고 합니다. 그러고 나서 남성의 눈을 바라보니 이 사람도 외롭다는 것이 보였고, 드디어 긴장하지 않고 말할 수 있게 되었다고 합니다. 게다가 폼을 잡는 것처럼 보였던 남성이 그 여성에게 본심을 털어놓아 그전까지 느낀 적 없었던 친밀감을 느끼고 편안해졌다고 합니다.

그녀는 그다지 자기의 취향이 아닌 남성과 마주했을 때도 '외로움의 색을 식별하자'고 생각해보았습니다. 그 결과 이 사람도 나와 똑같이 외로움을 갖고 있다는 것을 느끼고, 아까 본 잘생긴 남성처럼 편안하게 이야기할 수 있었습니다.

그녀는 이 사람과도 친밀감을 얻을 수 있다는 사실을 의아하게 생각했습니다. '외로움이라는 색의 선글라스'로 보니 누구든 똑같다는 것을 알게 된 것입니다. 그리고 '지금까지의 맞선은 뭐였지?'라는 생각에 복잡한 기분이 들었다고 합니다.

그렇습니다. 겉모습이나 지위는 아무 관계가 없고, 사실은 모두 똑같이 외로웠던 것입니다. 사람은 다른 사람의 겉모습이나 지위 등으로 자신과 비교해 상대방은 자신과 다르다고 생각하고, 마음대로 외로움을 느껴 발작을 일으키며 파괴적인 인격으로 변하고, 인간관계를 파괴해 더욱 외로움을 느끼는 일을 되풀이합니다.

하지만 '외로움이라는 색의 선글라스'로 보면 다들 똑같기 때문에 비교할 필요도 없어지고, 외로움을 느끼지 않게 되고, 친밀감을 느낄 수 있게 됩니다. "그것은 너무 시시하지 않느냐"는 의견도 있겠지만 외로움 때문에 인간관계를 파괴해 왔던 사람에게는 오히려 시시한 편이 훨씬 좋습니다.

상대방에게 미움을 받거나 인정받았다며 일희일비하고 괴로워하는 생활은 이것으로 충분합니다. 불쾌한 긴장감이 전혀 없이 그 누구와도 편안하게 이야기할 수 있는 것은 정말로 즐겁습니다.

외로움이라는 빛이 사라지면
마음속이 평온해진다

나의 '외로움의 색'과 상대의 '외로움의 색'이 겹치면
내 안의 불쾌한 색이 사라지고 마음이 평온해집니다.

나만 외롭다고 생각했는데 '외로움이라는 색의 선글라스'
로 보았을 때 저 사람도 외로웠다는 것을 알면 외로움이 사라
지고 긴장과 같은 불쾌한 감각에서 해방됩니다. 외로움은 '저
사람도 외로워, 나만 그런 것이 아니야'라는 생각으로 간단하
게 없앨 수 있습니다.

하지만 상대방의 '외로움의 색'을 내가 보았을 때 상대방
의 태도까지 바뀌는 것은 이상합니다. 딱히 "당신도 나와 똑

같이 외로웠군요"라고 말한 것도 아니고 그저 '외로움의 색을 식별하자'고 상대방을 보면서 마음속으로 생각했을 뿐이기 때문입니다.

이렇게 이 사람도 나와 똑같이 외롭다는 것을 인식하면 상대방의 태도가 부드러워지고 마음도 온화해진 것처럼 느껴집니다. 단순히 나만 외로운 게 아니었다는 인식을 통해 마음이 온화해집니다. 그뿐만 아니라 외로움 그 자체에 사람의 마음을 온화하게 하는 효과가 있다고 생각하게 됩니다.

자신의 외로움의 색으로
상대방을 비춰보자

3장에서는 '외로움이라는 색의 선글라스'에 대해 말하고 있는데, 맨눈으로 볼 때의 색으로 비유하면 행복한 사람은 노란색으로 반짝반짝 빛나는 것처럼 보이고, 화난 사람은 불과 같은 빨간색으로 보입니다. 열등감으로 비참한 기분이 들면 파란색으로 보입니다.

제 생각에는 다들 다양한 색의 특징이 있는 것 같습니다. 그 특징에는 반드시 '외로움의 색'인 '흰색'이 포함되어 있고, 사람과 사람의 빛이 겹쳤을 때 그 흰색이 부각됩니다. 다른 사람의 색과 자신의 색을 비교하고, 자신의 파란빛을 한탄했을 때는 상대방의 빛에 아무런 영향도 줄 수 없습니다. 하지만 자신의 외로움의 빛으로 상대방을 비춰보면 상대방도 '외로움의 색'으로 빛납니다.

나의 '외로움의 색'으로 상대방을 비췄을 때 상대방은 그 전까지와는 완전히 다른 색으로 빛납니다. 그리고 다른 사람의 '외로움의 색'과 자신의 외로움의 빛이 더해졌을 때 색과 색이 겹치게 되면 '외로움의 색'인 흰색으로 빛나기 시작합니다.

조금 어려운 이야기가 되었지만 간단하게 말하면 '외로움의 색을 식별하자'고 생각하고 외로움의 빛으로 상대방을 비추면 외로움은 하얗게 빛을 내고, 자신은 그 빛에 비춰져 더욱 빛나며, 마음속 불쾌한 색이 사라져 편안해지는 것입니다.

'외로움의 색을 식별하자'고 생각한다

자신　상대방

상대방도 '외로움의 색'으로 빛난다

자신　상대방

색과 색이 겹쳐 흰색으로 빛나기 시작한다

자신　상대방

자신의 안에 있던 불쾌한 색이 사라지고, 마음속이 평온해진다

세상 사람 누구나 나와 마찬가지로
'외로움의 색'으로 빛난다

어떤 여성은 어디를 갈 때마다 자주 기분이 좋지 않습니다. 백화점에서 식품을 주문했을 때 점원이 실수를 해서 그것을 지적하니 점원이 적반하장인 태도를 취했기 때문입니다. 또, 길을 걷고 있으면 다른 사람과 부딪히고, 길거리 영업을 하는 사람이 말을 걸어서 거절하면 그 사람이 '쳇!' 하고 혀를 차서 짜증이 나고는 합니다.

이웃사람들이 일부터 그러는 것처럼 밤에 청소기를 돌리는 바람에 그 소리가 신경 쓰여 잠을 못 잔 적도 있습니다. 그리고 쓰레기를 버리는 날이 되면 관리인이 기다리고 있다가 "제대로 구분해서 버려주세요"라고 하면, 제대로 신경 써서 하고 있는데도 주의를 요구당하는 것 같아 기분이 굉장히 안 좋아집니다. '왜 나한테만 그래!'라고 하는 것이 이 여성의 입버릇이고, '또?!'라는 혼잣말이 나올 정도로 안 좋은 일을 잇달아 겪는 것입니다.

그 여성은 '외로움의 색을 식별하자'는 생각을 자주 하게 되었습니다. 그렇게 하면 세상이 달라진다는 말을 들었기 때문입니다.

실수를 자주 하는 그 백화점에 갔을 때도 점원을 보면서 '외로움의 색을 식별하자'고 생각해보았습니다. 그러자 그 직원도 외로웠다는 것을 알았습니다. 그리고 그 점원이 "지난번에는 죄송했습니다. 오늘은 서비스 드릴게요"라며 고기를 추가로 넣어주어 '뭐지? 이런 일은 없었는데?' 하고 그 여성은 깜짝 놀랐습니다. 항상 자신만 이런 일을 겪는다고 생각했기에 고기의 무게를 달 때도 '저 사람 농땡이 부리는 거 아니야?'라며 의심했고, 한 번도 서비스 같은 것은 받아본 적이 없었기에 당황스러웠습니다.

그녀는 길을 걷고 있는 예쁘고 행복해 보이는 사람을 봤을 때도 '외로움의 색을 식별하자'고 생각하니 이 사람도 사실 외롭다는 것이 보여 깜짝 놀랐습니다. 예전 같았으면 '예뻐서 좋겠다. 나 같은 건…'이라고 생각했을 텐데 이제는 따뜻한 눈으로 상대방을 볼 수 있게 되었기에 길을 걷는 것이 즐거워졌습니다.

아이와 있는 부모를 보았을 때도 '외로움의 색을 식별하자'고 생각했더니 아이가 그녀를 지그시 쳐다봅니다. 아이 엄마가 "예쁜 누나를 보고 있구나!"라고 말하는 것을 듣고 놀랐습니다. 왜냐하면 예쁘다는 말을 들어본 적이 없었기 때문입니다.

한 남성이 뒤를 돌아서 갑자기 그녀를 보았을 때 그녀는 무의식적으로 '내가 예쁜가?'라고 생각하는 스스로에게 당황했습니다. 외모에 자신이 없어서 '아무도 나 같은 것은 마음에 두지 않는다'고 생각했는데 말이죠. 지금까지와는 다른 세상이 보였습니다.

거리를 걷고 있는 사람들의 외로움이 비춰지면 나의 모습도 달라집니다. 여성은 그전까지 옷이나 화장에 신경을 쓴 적이 없었지만 거울을 보고 자신의 아름다움을 깨닫게 되었고, 마음속이 점점 평온해졌습니다. 외로움으로 상대방을 비춤으로써 상대방의 외로움이 부각되고, 상대방도 '외로움의 색'으로 빛납니다. 그 '외로움의 색'의 빛에 비춰져 그녀의 마음은 평온해지고, 조용하고 아름답게 빛나게 된 것입니다.

어린 시절의 외로움을 깨달으면
과거도 달라진다

'과거의 나를 외로움의 색으로 비추는' 것도 가능합니다.
비참했던 과거의 내가 바뀌면 현재의 나도 바뀝니다.

외로움을 혼자서 끌어안고 있을 때는 마음속이 점점 황폐해지고, 주변 사람들과의 관계도 파괴되고 맙니다. 하지만 나의 외로움으로 상대방의 외로움을 비추면 상대방의 마음은 평온해지고, 아름다운 '외로움의 색'으로 나를 비춰줍니다. 그 외로움의 빛으로 비춰졌을 때 나의 마음도 자연스럽게 잔잔해지면서 평온해집니다.

혼자서 외로움을 안고 있을 때는 자신의 모습이 좋아지지 않고 거울을 보는 것도 싫습니다. 하지만 상대방의 외로움의 빛으로 비춰졌을 때는 자신의 모습이 다르게 보이고, 조금 자신감이 생긴 것 같다고 느끼게 됩니다.

외로움의 색으로 비춰진
어린 나는 빛난다

'이 사실을 스스로에게 자신감을 가지지 못하고, 친구들을 잘 사귀지 못했던 어린 시절에 알았다면 지금의 나는 얼마나 달라졌을까' 하고 생각합니다. 그때 갑자기, 과거의 나에게도 이것을 적용할 수 있을지 모른다는 흥미로운 생각을 하게 되었습니다.

저는 인간의 뇌는 무선 LAN처럼 네트워크로 이어져 있다고 생각합니다. 갑자기 불길한 예감이 든다든가 누군가와 똑같은 것을 생각한 것 같은 텔레파시는 단순한 우연의 일치가 아니라 무선 LAN처럼 뇌와 뇌가 정보를 교환하고 있다는 것입니다.

그런 게 있을 리가 없다고 생각할지도 모릅니다. 현재의 과학으로는 뇌의 네트워크 주파수를 측정하는 기계가 없기 때문입니다. 하지만 현재의 기술로 알 수 없는 주파수라면 빛보다 빠를 가능성이 있기 때문에 시공을 넘을지도 모릅니다.

뇌의 네트워크로 시공을 넘을 수 있다면 과거의 자신의 뇌에 접속해 과거의 나를 외로움의 색으로 비추는 것도 가능할 것입니다.

시간을 넘어 과거로 거슬러 올라가 '외로움의 색'으로 비춰진 어린 나는 빛납니다. 그렇게 되면 비참했던 어린 시절이 바뀝니다. 비참했던 과거의 내가 바뀌게 되면 과거에 대한 생각 또한 변하기 때문에 현재의 나도 점점 바뀌는 것입니다.

제가 자주 떠올리는 '외로운' 저는 두 살 무렵이었습니다. 저는 어머니께 맞아서 부엌에서 혼자 울고 있습니다. 나 같은 건 없는 게 낫다든가 아무도 나를 필요로 하지 않는다는 외로움을 느끼고 굉장히 비참했습니다.

어른이 된 지금도 이 감정이 때때로 튀어나와 아무도 나를 필요로 하지 않는다는 엄청난 외로움에 시달리고, 여러 가지 가능성을 망쳐왔습니다.

그런 두 살 무렵의 자신을 이미지화해봅니다. 제가 부엌 구석에서 울고 있는데 어머니는 그것을 조금도 알아주지 않습니다.

그래서 그런 나의 감각을 느끼면서 '외로움의 색을 식별하자'고 생각하며 두 살의 나에게 주의를 기울입니다. 내가 외로워한다는 것을 알고 '외로움의 색을 식별하자'고 생각했더니 방금 전까지 그렇게 울고 있던 어린 내가 나에게 '피~ 스!' 하고 브이 사인을 보내며 씽긋거리는 것이 아닙니까.

그 순간 제 안의 뭔가가 가벼워졌고, 어린 제가 '고마워, 알아줘서'라고 다정하게 말해 눈물이 흘러넘쳤습니다. 이것을 통해 저는 더이상 '나 같은 건 어떻게 돼도 상관없어'라는 생각을 하지 않게 되었습니다.

알아주지 않는다는 외로움에 발작을 일으켜 파괴적으로 변했기 때문에 나 같은 건 어떻게 되어도 상관없다고 느꼈던 것입니다. 그런 불쾌한 감각이 과거의 나에게 주목해 '외로움의 색을 식별하자'고 생각하는 것만으로 사라졌습니다.

과거의 기분 나쁜 일이 떠오르면
과거의 나에게 주목하자

한 여성은 사람들 속에 있으면 긴장감에 생각처럼 말을 할 수가 없어 외로움을 느꼈습니다. 다른 사람은 즐겁게 이야기를 하고 있는데 자기는 조금도 즐겁게 말할 수가 없다고 생각했고, 다른 사람들과 함께 있으면 늘 이런 자신이 민폐라며 주변을 신경 쓰기만 하다가 점점 인간관계에 지쳐 불쾌함을 느꼈습니다.

그런 여성에게 "사람들 속에서 긴장을 느꼈을 때 과거 몇 살의 내가 떠오릅니까?"라고 질문하니 '다섯 살에 어린이집을 다녔던 자신'이 머릿속에 떠올랐다고 했습니다. 그 무렵 남동생이 태어났고, 어린이집에 갔던 그녀는 모두 남동생에게만 관심을 갖고 아무도 자신을 봐주지 않는다는 데서 외로움을 느꼈습니다.

그녀는 어린이집에서 선생님이나 다른 친구들이 "남동생이 태어났다며? 좋겠네!"라고 말할 때마다 아무도 자신의 외로움을 알아주지 않는다고 생각했던 것이 떠올랐다고 알려주었습니다.

그래서 다섯 살에 어린이집에 다녔던 자신에게 주의를 기울이면서 '외로움의 색을 식별하자'고 생각하며 '외로움의 색'으로 비추어보았습니다.

그러자 어린이집 원생인 자신이 빛나는 미소로 웃어 주었고 '뭐야, 이거?'라며 여성은 깜짝 놀랐습니다. 그녀는 처음에 이런 것에 의미가 있는지 의문을 품었지만 집으로 돌아가서 굉장히 놀랐다고 합니다.

그녀는 아이들에게 자신이 체험한 것을 말했습니다. 평소 그녀는 아이의 이야기를 잘 들어주어야 한다며 열심히 아이의 학교 이야기나 친구 이야기에 대해서만 질문했었는데, 이렇듯 자신의 이야기를 아이에게 재미있게 한 것은 처음이었습니다.

그리고 평소에는 TV만 보면서 조금도 이야기를 들어주지 않는 남편이 집으로 돌아와 그녀의 이야기를 즐겁게 들어주자 그녀는 '어라? 무슨 일이 일어나고 있는 거지?'라며 놀랐습니다.

어린이집을 다녔던 다섯 살의 그녀의 웃는 얼굴이 과거를 바꾸고, 현재 그녀의 환경까지 바꿨습니다. 과거의 기분 나쁜 일이 떠올랐다면 과거의 나에게 주목하고 '외로움의 색을 식별하자'며 머릿속으로 생각하고, 외로움의 빛으로 과거의 나를 비춰주세요. 그러면 뇌의 네트워크로 시공을 초월해 과거가 바뀌고, 그 영향을 받아 현재의 나의 환경도 바뀔 수 있습니다.

'나만'이라는 생각을 없애면
마음이 평온해진다

많은 사람들의 '외로움'의 빛을 쬐었을 때
내 '외로움'이 사라져 마음속이 평온해집니다.

'나만'이라는 외로움은 주변 사람들의 '외로움의 색을 식별하자'는 생각으로 없앨 수 있습니다. 그리고 과거의 나의 '외로움의 색'을 식별하고, 그 외로움의 빛으로 지금의 나를 비추는 것만으로도 '나만'이라는 외로움을 없앨 수 있습니다. 외로움을 느끼면 사람은 혼자 노력해 어떻게든 해야겠다고 생각하기 쉽지만 그게 오히려 외로움을 더 키우게 됩니다. 그 다음에는 남들에게 비굴해지고 더 외로워집니다.

외로움을 없애는 것은
혼자서 하는 작업이 아니다

다른 사람과 적극적으로 사귀고 친절하게 대하면 된다고 생각하려 해보지만, 아무리 적극적이고 친절하게 대해도 아무도 내 안에 있는 외로움을 알아주지 않습니다. 그래서 그것을 하면 할수록 '나만'이라는 생각이 들고 비참한 외로움은 강해집니다. '나만'이라고 생각하면 외로움이 커지므로 다른 사람들도 마찬가지일 거라고 생각하도록 노력합니다.

하지만 다른 사람들도 힘들다고 생각하며 타인의 어려움을 알아가면 알아갈수록 아무도 자신의 어려움은 알아주지 않는다고 생각하게 됩니다. 아무리 주변 사람들이 "정말 고생했어"라고 다독여도 진정으로 자신의 어려움을 알아주지 않는다고 느끼고, '나만'이라는 외로움은 계속 커집니다.

누군가와 친밀한 관계가 되면 '나만'이라는 외로움을 없앨 수 있을지도 모른다고 생각에 다른 사람과 친밀해지려고 해도, 누군가와 가까워질수록 상대방은 나만큼 노력하지 않고 친밀함을 느끼지 않는다는 것을 알게 되면 '나만'이라는 외로움이 더욱 강해집니다. '나만'이라는 외로움을 없애려면 자기 혼자서 노력하는 것이 아니라 주변 사람들의 외로움을 이용할 필요가 있습니다.

자신의 외로움의 빛으로 주변 사람들을 비춰보면 주변 사람들의 외로움의 빛이 늘어나고, 그것이 다시 자신을 비추면 외로움이 사라져 마음속이 평온해집니다. 외로움을 없애는 것은 혼자서 하는 작업이 아니라 여러 사람의 외로움을 필요로 합니다. 많은 사람들의 외로움의 빛을 비추어보았을 때 그 외로움의 빛이 자기 안에서 늘어납니다.

외로움의 빛이 늘었을 때
불쾌한 파동이 사라진다

혼자서 외로움을 안고 있을 때는 '나만'이라고 느끼고 견디기 힘든 것을 안고 있는 감각에 빠지지만, 다른 사람들의 외로움의 빛이 자신을 비춰 자기 안의 외로움의 빛이 늘었을 때 '외로움이란 고요함이구나'라는, 그전까지와는 다른 외로

자신의 외로움의 빛으로 주변 사람들을 비춘다

주변 사람들의 외로움의 빛이 늘어난다

그 빛에 비춰졌을 때 자신의 외로움이 사라져

마음속이 평온해진다

움의 감각을 얻을 수 있는 것입니다.

외로움의 빛이 늘었을 때 불쾌한 파동은 사라지고, 외로움 속의 고요함이 느껴지고, 더이상 외로움이 불쾌하게 느껴지지 않습니다. 오히려 불쾌한 파동이 사라진 외로움은 자기 자신인 채로 살아서 다행이라는 따뜻한 빛이 됩니다.

직장에서 '나만'이라며 아무도 자신을 알아주지 않는 상황에서 외로움으로 괴로워졌을 때 불쾌한 사람에게 눈을 돌려 '외로움의 색을 식별하자'고 생각해봅시다. 그러면 불쾌한 상대방 또한 외롭다는 것이 보일 것이고, 그 외로움의 빛이 자신을 비추면 불쾌함이 사라질 것입니다. 나만 인정받지 못한다든가 내 기분만 모른다며 황폐해진 마음에 상대방의 외로움의 빛이 비춰지면 마음이 평온해지고, 외로움이 안도로 바뀌게 됩니다.

또한 '나만'이라는 외로움에 다른 사람의 외로움의 빛을 이용하고 싶지 않으면 과거의 자신의 외로움의 빛으로 없앨 수 있습니다. 외로웠던 과거의 자신을 떠올리고 '외로움의 색을 식별하자'고 생각하는 것입니다. 과거의 자신의 외로움을 비췄을 때 과거의 외로움의 빛이 늘어나 현재 자신의 외로움을 비추기 시작하면, '나만'이라는 불쾌함은 사라지고 고요한 세상으로 이끌어줍니다.

혼자서 '나만 사랑받지 못한다'며 굉장히 비참한 기분이 들었다면 이 과정을 반복해봅니다. 그렇게 하면 과거의 자신과 현재의 자신이 이어져 있고, 주변의 많은 사람들과도 이어져 있지만 지금 혼자 있다는 데에서 안도감을 느낄 것입니다. 이렇게 '나만'이라는 외로움은 다른 사람이나 과거의 자신을 이용해 없앨 수 있는 것입니다.

CHECK POINT!

• 사람들 모두가 행복하고 유능해 보여 내 마음이 외롭고 괴로워
  질 때도 '외로움의 색을 식별하자'고 속으로 말해봅시다.

• 불쾌한 기분이 들 때마다 '외로움이라는 색의 선글라스'를 쓰고
  세상을 보면 누구나 외로워한다는 것이 보입니다.

• 상대방에게 '외로움의 색'이 내재되어 있는 것을 보고 당신만 외
  로운 게 아니라는 것을 알면 발작이 멈춥니다.

• '외로움이라는 색의 선글라스'로 보면 다들 똑같기 때문에 비교
  할 필요도 없어지고, 외로움을 느끼지 않게 되고, 친밀감을 느낄
  수 있게 됩니다.

• 자신의 외로움의 빛으로 주변 사람들을 비췄을 때 주변 사람들
  의 외로움의 빛이 늘어나고, 그것이 자신을 비추면 외로움이 사
  라져 마음속이 평온해집니다.

· 항상 나에게 심한 말을 하는 엄마
· 나에게만 강하게 반론하는 동료
· 아내에게 가치관을 강요하는 남편
· 불리하면 눈물을 흘리는 연인
· 인사를 해도 무시하는 회사 선배

4장

가족, 동료, 연인의 외로움에
대처하는 방법

항상 나에게
심한 말을 하는 엄마

반성하면 할수록 엄마의 말과 행동이 더 이상해집니다.
나의 반성이 엄마의 '외로움'을 자극하기 때문입니다.

한 여성의 이야기입니다. 그녀는 엄마에게 인정받고 싶어서 "회사에서 내가 한 일을 인정받아서, 손님에게 감사 편지를 받았어!"라고 말했습니다. 그런데 엄마는 "앞집의 딸은 해외출장을 엄청 자주 가는 것 같던데"라며 그녀가 열심히 노력한 것을 부정하는 듯한 이야기를 했습니다. 그리고 "그 집 딸은 어릴 때부터 똑똑했지"라며 자신의 딸을 거의 인정하려고 하지 않았습니다.

그녀는 항상 '이것을 말하면 엄마가 기뻐할지도 몰라'라고 생각하고 말을 했지만 엄마는 그녀를 경시하는 듯한 말을 하며 함께 기뻐해줬으면 좋겠다는 그녀의 마음을 짓밟았고, 기분이 안 좋아진 그녀는 외로워졌습니다. '엄마니까 딸의 마음을 알아줄 거야'라고 생각했지만 조금도 알아주지 않았기 때문에 매번 아주 괴로워집니다.

또 어느 날은 엄마가 친척 아저씨께서 매년 사과를 보내주시는 것에 대한 감사 편지를 그녀가 보냈는지 확인하며 "그분께 제대로 감사 편지를 적었니?"라고 말했습니다. "편지를 꼭 써야 돼?"라고 대답하자 엄마는 아주 무서운 얼굴을 하고, "넌 정말이지 예의라는 게 조금도 없구나"라며 화를 냈습니다.

남들보다 일을 잘하는 자랑스러운 딸이 되고 싶었는데 엄마의 심한 말 때문에 자존감이 떨어졌습니다. 그리고 "뭐, 너의 지저분한 글씨로 감사 편지를 써도 상대방에겐 민폐겠네"라며 연타를 가했습니다. '그렇게 말할 것까지는 없잖아'라며 그녀는 마음에 깊은 상처를 입었습니다.

이렇게 여성은 자신이 아무도 인정해주지 않는 쓸모없는

인간이라 느꼈고, 다시 일어설 수 없을 정도의 상태가 되었습니다. 이 여성은 엄마와 대화를 하면 점점 외로워지는데, 그것을 되풀이하며 기분이 상하면서도 거기에서 빠져나오지 못하고 있었습니다. 마치 여성은 앞으로도 외로움에서 빠져나올 수 없을 것 같은 기분이 들었습니다.

나의 반성이 오히려
엄마의 외로움을 자극하다

그때 그녀는 이것이 엄마의 외로움 때문일지도 모른다는 것을 깨달았습니다. 그리고 엄마가 외로움의 발작을 일으켜 심한 말을 하는 것은 자신의 반성하는 버릇 때문인지도 모른다는 생각이 들었습니다. 내 행동을 고치기 위해 반성하지 않으면 다들 자신에게서 멀어지고 외로워진다고 엄마에게 배웠던 것 같은데, 반성하면 할수록 엄마의 말과 행동이 이상해지는 것입니다.

자신의 반성이 엄마의 외로움을 자극해 발작을 일으키기

때문에 엄마가 자신을 경시하는 듯한 행동이나, 상처를 주는 말을 하는 것일지도 모른다고 생각한 것입니다. 그래서 그녀는 '반성하지 않기'를 시도해보았습니다. 그냥 '반성하지 말자'라고 생각해도 머릿속으로는 '나는 그렇게 반성한 적 없는데'라는 생각이 들기도 했습니다.

그런데 문득 지난번에 회사 일 때문에 엄마와의 약속을 취소했던 일이 떠올라 엄마에게 전화를 해서 같이 밥을 먹자고 하려고 했습니다. 하지만 전화를 걸기 직전 자신이 반성하고 있다는 생각이 들어서 당황하며 들고 있던 전화기를 내려놓았습니다.

그러고는 잠시 엄마를 내버려두었더니, 엄마에게 먼저 전화가 와서 아무 상관없는 친척 이야기를 하기 시작했습니다. 그때서야 자신이 엄마의 이야기를 제대로 듣고 있지 않음을 반성하고 있다는 것을 깨달았습니다.

항상 전화를 끊은 후에 '왜 좀더 다정하게 이야기를 들어주지 못했지'라며 반성했던 것을 떠올리고, 앞으로는 반성하지 않겠다며 속으로 확실히 다짐해보았습니다. 그렇게 하자 "엄마, 내가 할 일이 있어서 전화 끊을게"라고 말하며 전화를 제대로 끊을 수 있었고, 불쾌한 기분이 들지 않는다는 것을 깨달았습니다.

그녀는 외로움을 해소하고 싶다는 생각에 엄마에게 다가가면 상처를 받고 외로움이 커졌지만 반성을 그만두자 마침내 외로움을 느끼지 않게 된 것입니다. 그리고 엄마에게 인정받고 싶다는 생각이 들어도 쓸데없는 이야기를 하지 않게 되었습니다.

예를 들어 엄마가 "일은 요즘 어때?"라고 물어도 적당하게 대답했습니다. 엄마가 "너는 사람을 바보로 만드는 구석이 있으니까"라고 말해도 반성하지 말자고 속으로 생각했고, 그러자 '나랑은 전혀 상관없을지도 모른다'는 생각이 들면서 이전처럼 상처를 받는 일이 없어졌습니다.

예전 같았으면 반성하고 상처를 입으면 엄마는 점점 심한 말을 되풀이했었을 것입니다. 하지만 쓸데없는 말을 하지 않게 되었다고 느낀 동시에 평범한 세상 이야기를 엄마와 할 수 있게 되었습니다.

반성이 오히려
엄마와 나의 외로움을 증폭시켰다

엄마가 쓸데없는 이야기만 해서 상처를 받기 때문에 다른 부모 자식처럼 즐겁게 세상이야기 같은 건 할 수 없을 것이라고 생각했는데, 지금은 다른 가족들처럼 즐겁게 대화를 하고 있는 자신의 모습에 깜짝 놀랍니다. 그리고 엄마가 딱히 일에 있어서 인정해주지 않는데도 안심할 수 있습니다.

어느새 그녀는 엄마와 함께 외로움으로부터 해방되었습니다. 이렇게 그녀는 '반성이 엄마와 나의 외로움을 증폭시켰다'는 것을 깨달았습니다.

'반성'은 의식하지 않으면 반성하고 있다는 것을 좀처럼 깨달을 수 없습니다. 하지만 그녀처럼 상처 받는 것을 몇 번이나 되풀이하는 경우에는 반성이 원인이 됩니다.

'나를 인정해주지 않는 엄마가 나빠!'라며 상대방을 질책하는 기분이 들면 그와 반대로 '나도 제대로 인정받도록 노력해야 해'라는 반성의 마음이 인간의 항상성에 의해 반드시 생겨납니다. 그것 때문에 상대방에게 상처를 입을수록, 심한 취

상대방을 비난하는 마음이 들면…

그 반대인 '반성'의 마음이 반드시 솟아난다

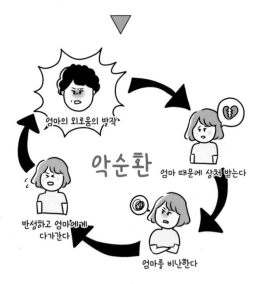

반성하면 할수록 상대방의 외로움을 자극하여 악순환에 빠진다

급을 받으면 받을수록 수면 아래의 반성이 커지고, 얄궂게도 그것이 상대방의 외로움을 자극하고 발작을 일으켜 더욱 심한 말을 하게 만듭니다.

여기서 '반성하지 않는' 편이 상대방의 외로움을 자극하는 것이 아닐까 생각하기 쉽지만 그것은 착각일 뿐이며, 반성하지 않는 것이 상대방과 '대등한 관계'를 만듭니다. 그 대등한 관계 속에 일체감이 숨겨져 있고, 나도 모르는 사이에 외로움을 해소시켜주는 것입니다.

나에게만 강하게
반론하는 동료

동료가 나의 의견에 대해 강하게 반론할 때도
'고마운 그의 외로움'이라며 흘려들으면 됩니다.

한 여성이 직장에서 동료에게 눈엣가시 취급을 받고 있다
는 고민을 갖고 있었습니다. 새로운 것을 만드는 회의 자리에
서 동료 A씨는 다른 사람들의 형편없는 안건에는 아무 말도
하지 않고 들으면서 그녀의 안건에 대해서만 갑자기 손을 들
어 "그 기획은 회사에 마이너스라고 생각합니다"라며 굉장히
강하게 반론했습니다.

그녀는 '다른 사람의 안건도 마이너스 요인은 얼마든지

있잖아?'라고 생각했지만 A씨는 그녀의 안건에만 철저하게 비판하고 방해하려 했습니다. A씨는 "회사의 이미지를 깎아내린다고 생각합니다"라든가 "이 기획으로 고객이 떠날 것입니다"라며 마치 이를 잡듯 단점을 찾습니다. 그에 대해 정중하게 설명했더니 엄청난 기세로 반론하는 것입니다.

왜 저 사람은 나를
다정하게 대해주지 않는 걸까?

'왜 나한테만 강하게 반론하는 거야?'라고 생각하니 상당히 분했습니다. '나를 무시하는 건가?' 아니면 '나를 싫어하는 건가?' '나보다 머리가 좋은 것을 증명하고 나를 밀어내고 싶은 건가?' 생각하면 할수록 화가 났습니다.

집에 돌아가서도 그 일을 생각하니 도저히 잠을 잘 수가 없었고, 그 사람 때문에 잠도 잘 수가 없다는 생각에 A씨에 대한 분노가 점점 커졌습니다. 아침에 일어났을 때는 A씨를 떠올리는 것만으로 회사에 가기 싫어졌고, 이직을 생각할 정도였습니다.

하지만 '그런 사람 때문에 왜 내가 이직을 해야 하는 거지?'라고 생각하니 A씨에게 마음껏 반론하고 싶어졌습니다. 그렇지만 회사에 가서 A씨의 얼굴을 보니 그런 생각은 어른스럽지 않다는 생각이 들어 마음을 고쳐먹었고, '나는 어른이니까 무시하자'고 냉정하게 대처하려고 했습니다.

하지만 A씨가 그녀에게 '역시 당신의 그 안건은 이상해요'라는 내용의 메일을 다른 사람들이 볼 수 있도록 참조로 보내자 분노가 폭발할 것 같았습니다. 개인적으로 의견을 내는 것은 그렇다고 치더라도 다른 사람이 다 볼 수 있도록 보내다니 진짜 왜 이러는 거냐며 분노가 가시지 않았고, 속이 부들부들 떨려 어떻게 할 수가 없었습니다.

그렇지만 그녀는 A씨가 외로움의 발작을 일으켜 파괴적인 인격으로 변했기 때문에 자신에게 반론한다는 것을 알았습니다. 하지만 A씨는 생글생글 웃으면서 주변 사람과 요령 있게 지내기 때문에 인기도 있고, 외로움을 느끼는 것처럼은 안 보였기 때문에 처음에는 A씨가 외로움을 느끼고 있다고는 전혀 생각할 수 없었습니다. 오히려 자신이 A씨가 반론하는

데도 아무도 자신의 편을 들어주지 않았기 때문에 외로운 게 아닌가 싶을 정도였습니다.

하지만 'A씨는 외롭다'는 입장에서 다시 보니 확실히 다들 A씨를 비판하거나 A씨에게 반론하지 않았는데, 그 이유는 비판이나 반론이 곱절로 돌아오는 것이 두려웠기 때문입니다. A씨는 그녀에게 강하게 반론함으로써 주위로부터 부스럼 취급을 받게 되었습니다. 그리고 A씨에게 반론을 당한 그녀가 주위로부터 '반론을 당해도 상냥하게 대응하는 온화한 사람'이라는 시선을 받게 되었고, 주변 사람들이 따뜻하게 대해 주었습니다.

A씨는 주변에서 그녀를 대하는 반응을 보고 자신에게는 왜 다정하게 대해주지 않는지 의문을 느끼고 더욱 외로워집니다. 그래서 그녀에 대한 공격이 훨씬 더 강해지고, 그것을 본 주변 사람들은 A씨에게서 더욱 멀어지는 악순환에 빠지는 구조가 보였습니다. A씨가 다시 여성에게 강하게 반론했을 때 여성은 바로 반격을 하지 않고 '좋은 사람'을 연기합니다. 그리고 그녀가 좋은 사람을 연기하면 그것을 부정하는 A씨는 점점 '나쁜 사람'이 되어 외로움을 느끼고, 좋은 사람을 공격

하는 나쁜 사람을 계속해서 연기하게 된 것입니다.

그녀가 A씨의 외로움을 인정했을 때 '외로운 A씨를 도와 줘야 하나?'라고 생각하게 된 것은 나쁜 사람인 A씨에 의해 자신이 자동적으로 좋은 사람이 되었기 때문입니다. 하지만 외로움을 느끼고 있는 A씨를 돕기 위해 A씨에게 다정하게 대하는 상황을 상상해보면, '다정하게'라고 생각하는 순간부터 그녀가 좋은 사람이 되는 것이기에 A씨는 자동적으로 나쁜 사람이 되므로 그것으로는 아무 의미가 없습니다.

인간이란 자동적으로
서로 밸런스를 맞춘다

그렇다면 어린 시절에 읽은 동화 〈눈물 흘린 빨간 도깨비〉(泣いた赤鬼, 일본의 전래동화로 인간을 좋아하는 붉은 도깨비가 인간 사회에 녹아들기 위해 노력하지만 실패할 무렵, 친구인 푸른 도깨비의 희생으로 인간 사회에 녹아드는 이야기다-옮긴이)를 재현하듯 자신이 나쁜 사람을 연기하고 A씨를 철저하게 비판함으

로써, 이번에는 A씨가 좋은 사람이 되고 다들 A씨를 다정하고 따뜻하게 받아들여 A씨의 외로움이 해소되는 방법이 떠올랐습니다. 이 방법이라면 A씨가 좋은 사람이 되기 때문에 그녀에게 반론을 하지 않을 것입니다.

좋은 아이디어라고 생각할 무렵 그녀는 '잠깐!'을 외치며 브레이크를 걸었습니다. A씨가 기껏 〈눈물 흘린 도깨비〉의 '푸른 도깨비'를 연기해주고, 자신을 좋은 사람으로 만들어주고 있는 것이라면 그것을 고맙게 받아들여야 하는 것이 아닐까, 라는 것을 깨달았습니다.

A씨가 여성에게 반론을 하는 것은 A씨가 나쁜 사람이 되어 모두에게 부스럼 취급을 당하고, 여성이 외로워지는 것을 막기 위해라고도 볼 수 있습니다. 그것은 좀처럼 쉬운 일은 아닙니다.

따라서 A씨의 외로움은 사실 이 여성에게는 고마운 일이고, 교활하지만 직장에서 이익이 되는 입장으로 있기 위해서 필요한 것입니다. 그런 A씨의 고마운 외로움을 여성 스스로 해결하려는 것은 당치도 않은 일이라고 생각한 것입니다.

그때부터 A씨가 강하게 반론할 때도 그녀는 '고마운 A씨의 외로움'이라고 생각하고 흘려들었습니다. 그러자 어느새 A씨는 반론을 하지 않았습니다. 그녀는 왜 그런지 의아했지만 A씨의 외로움을 이용하는 속이 새까만 악역이 되었기 때문에 A씨가 악역을 연기할 필요가 없어졌다고 이해한 것입니다. 그녀는, 인간이란 자동적으로 서로 밸런스를 맞춘다는 사실에 깜짝 놀랐습니다.

A씨는 자기보다 속이 새까만 이 여성에게 겁을 먹고 아무 말도 하지 않게 되었으며 조용해졌는데, 이번에는 반대로 뭔가 부족하다며 그 전에 반론을 당했을 때보다 더 외로움을 느끼게 되었습니다. 하지만 그녀에게 A씨의 외로움이 묘하게 기분 좋게 느껴졌던 것은 A씨가 느끼고 있는 것과 똑같은 것을 느끼고 있다고 생각했기 때문입니다. 똑같이 외로움을 느끼고 있는 A씨를 어느새 동료라고 여기게 된 것입니다.

아내에게 가치관을
강요하는 남편

'어째서 그런 말을 하는 거야?'라는 의문을 거두고,
자신을 상처 입히는 것을 그만둘 필요가 있습니다.

한 여성은 아이 친구 엄마에게 "댁의 남편의 연봉은 얼마 정도에요?"라는 무례한 질문을 듣고, 울컥 화가 났습니다. 그것을 남편에게 말했더니 남편은 "그건 당신에게 틈이 있었기 때문 아니야?"라고 말했습니다.

여성은 어이가 없었습니다. 남편은 "항상 그런 인간관계로 다른 사람의 험담 같은 걸 하니까 이번에는 자기가 그런 말을 듣는 입장이 된 거야. 그러니까 무례한 질문도 듣는 거지"라며 그녀를 부정하기까지 했습니다.

아이 친구 엄마와 이야기를 할 때는 딱히 하고 싶어서 다른 사람의 소문을 말하는 것이 아니라 이야기흐름 상 마침 그 이야기가 나왔던 것뿐인데, 왜 남편한테 그런 소리를 들어야 하는지 이해가 안 되고 화가 났습니다. 그러자 남편은 "그렇게 변명만 하면 아이도 변명만 하게 되고, 사회부적응자가 된다고!"라며 말했고, 여성은 더욱 화가 났습니다. 자신의 인간관계의 어려움을 전혀 이해해주지 않으면서 "다른 사람의 험담을 하지 마!" "소문 이야기 좀 하지 마!" "변명 좀 하지 마!"라며 나를 바꾸려고 하다니 하는 생각이 들었습니다.

**남편은 자신의 외로움으로 인해
발작을 일으킬 뿐이다**

그녀는 '어째서 이렇게 날 몰라주는 사람과 같이 있게 된 걸까?'라는 생각에 비참한 기분이 들었고, 자기 가치관만 강요하는 남편에게 화가 나 눈물이 났습니다. 남편이 자신의 입장이 되면 절대로 그렇게 말하지 못할 텐데, 남편이 자기 입장에서, 자기 가치관으로만 판단한 것이 못마땅했습니다.

그것이 굉장히 불쾌한데 그것을 남편에게 말해봤자 "당신이 그대로 있어서 아이에게 좋은 영향을 준다면 그것도 괜찮겠지"라며 아주 얄밉게 말합니다. 그녀는 자신의 남편이 언제나 자기가 옳다고 생각하며, 자기의 가치관을 따르지 않는 그녀가 양육에도 실패해서 힘들어질 것이라는 협박의 뉘앙스로 말하기 때문에 비참한 기분이 들면서 외로워집니다.

그렇지만 여성은 어느 순간 남편이 자신에게 가치관을 강요하는 것은 어쩌면 외로움으로 인한 발작을 일으키고 있어서일지도 모른다는 것을 깨달았습니다. 남편은 항상 예의바르고 회사 사람들에게도 존경받으며 부모님과 아이도 소중히 여겼기 때문에 외로움 같은 건 느끼지 않을 것이라 여겼는데, 어쩌면 그게 아닐지도 모른다는 생각이 들었습니다.

곰곰이 생각해보니 남편은 부모님과의 관계에서도 마음을 터놓는 모습이 없었고, 결코 즐거워 보이지도 않았습니다. 부모님과의 관계에 있어서도 남편은 외로움을 느꼈던 것입니다. 그런데 어째서 자신에게 본인의 가치관을 강요하고, 부모님과의 관계를 재현하려는 듯한 행동을 하려는 걸까, 의문이 들었습니다.

만약 남편의 부모님의 가치관에 그녀가 물들어버리면 지금껏 그래왔던 것처럼 다른 사람과 격의 없이 지낼 수 없기 때문에 사람들이 그녀에게서 멀어져갈 것입니다. 그리고 아이와의 관계에서도 부모님처럼 융통성 없이 "잘못을 하면 안 돼!"라든가 "변명을 하면 안 돼!"라고 화를 내면 아이는 '엄마는 인간이 아니라 기계 같아'라고 인식할 것입니다. 그렇게 되면 점점 사람과 사람 사이의 소중한 신뢰관계를 구축할 수 없게 됩니다. 실패나 실수를 하는 것이 인간이고, 그것을 하지 않으면 기계가 되고 마니까요.

남편을 바꾸려 하지 말고
남편의 외로움을 존중하자

그녀는 남편의 가치관에 물듦으로써 아이들에게 청소, 세탁, 요리 기계 취급을 당하게 되어 외로워지고, 그렇게 되면 남편과 똑같아지는 것이라는 생각이 들었습니다. 그러면 남편은 '나 혼자만 외로운 게 아니야'라며 자신의 외로움에서 빠져나갈 수 있을 것처럼 느낄 것입니다. 하지만 '남편은 외롭다'는 관점에서 보니 자신도 남편의 외로움의 가치관을 바꾸려고 했다는 것을 깨달았습니다.

남편이 어째서 자기 혼자만 외로운 게 아니라는 사고방식을 갖고 있는지 그 답을 간단하게 찾을 수 있었습니다. 마치 퍼즐 조각이 딱 맞는 것처럼 납득이 갔습니다.

실제로 남편에게 가치관을 강요당함으로써 그녀의 마음은 점점 남편에게서 멀어져 갔고, 그로 인해 남편은 더욱 외로워졌습니다. 그녀는 다른 사람의 험담을 하거나, 변명을 하거나, 고민을 하는 인간적인 약점을 서로 보임으로써 외로움을 해소하며 자라왔습니다. 때문에 어느새 남편의 외로움이 안됐다고 생각하고, 남편이 약점을 보이도록 그녀가 스스로 남편 앞에서 약점을 드러내어 남편의 가치관을 바꾸려고 한 것입니다.

하지만 나의 가치관이 남편에 의해 바뀌면 불쾌하듯이 남편 역시 불쾌했을지도 모른다는 것을 깨달았습니다. 그리고 남편의 외로움은 바꿀 필요가 없다고 생각하게 되었고, 그녀는 '어째서 그런 말을 하는 거야?'라는 식의 의문을 거두며 더 이상 자신을 상처 입히지 않게 되었습니다.

상대방의 말에 상처를 입고, 약점을 드러냄으로써 외로움을 해소하는 것은 외로움으로 살아가는 남편에게는 필요 없다는 것을 알았기 때문입니다. 그것을 내가 강요함으로써 남편이 '지금까지 자신의 삶의 방식을 지탱해주었던 외로움'을 부정당하게 되었고, 그것이 남편 자신을 부정하는 것이 된다는 것을 알았기 때문입니다.

남편을 포기했다든가, 내버려두는 것이 아니라 '남편의 외로움을 존중하자'는 기분이 든 것뿐입니다. '남편의 외로움이 안됐다'며 남편을 바꾸려고 했던 것이 잘못되었다는 것을 받아들인 것입니다.

그렇게 하자 어떻게 되었을까요? 그전까지 전혀 약점을 드러낸 적이 없었던 남편이 스스로 약점을 보이게 되었습니다. '남편의 외로움'을 존중하자는 생각으로 남편의 이야기를 들으니 어느새 남편은 그녀를 바꾸려고 하지 않았고, 집 안에서 아이들과 웃으며 이야기하게 되었습니다.

남편의 외로움이 해소되었기 때문에 여성은 순간 남편의 소중한 외로움을 없앤 것일지도 모른다며 초조해 했습니다. 하지만 약점을 보이면서도 아이들과 함께 즐겁게 놀고 있는 남편을 보고 있자 어느새 그녀 자신 안의 외로움을 느끼게 되었습니다. 그리고 이것이 남편의 외로움이었음을 깨닫고, 그 전까지와는 조금 다르게 사뭇 진지해진 모습으로 거듭나게 되었습니다.

불리하면 눈물을
흘리는 연인

'연인의 외로움은 내가 해소할 수 없다'고 확신하며
연인 앞에서 동요하는 자신을 연기하지 말아야 합니다.

한 남성이 자택 컴퓨터로 업무 자료를 작성하고 있다가 잠시 자리를 비웠습니다. 그 사이에 그의 애인이 컴퓨터를 썼고, 자료 저장 버튼을 잘못 눌러 기존의 데이터가 사라졌습니다. 그 사실을 알고 초조해진 그가 애인에게 "필요한 데이터가 사라졌어"라고 말하며 "왜 저장 버튼을 누른 거야?"라고 묻자 그녀는 "그게, 저장하지 않으면 데이터가 없어질 것 같아서…"라고 말하면서 눈물을 흘리기 시작했습니다.

그는 '울고 싶은 사람은 나라고' 생각하면서도 애인이 울어버리니 사과하는 수밖에 없었습니다. 애인은 "난 몰랐단 말이야"라며 계속 울었습니다. 그는 자신이 엄청난 잘못을 한 것 같은 기분이 들었습니다. 그리고 데이터가 사라진 충격도 더해 마음이 아주 무거워졌습니다.

그녀가 요리를 했을 때도 음식이 너무 매워서 "뭐야? 이거 왜 이렇게 매워?"라고 물었더니 이번에도 그녀는 "음식을 실패해서 차라리 맵기라도 하면 맛이 감춰지지 않을까 싶어 맵게 만들었어"라며 눈물을 흘리기 시작했습니다. 그리고 "그렇지만 매운 게 몸에 더 안 좋지" "나는 뭘 해도 안 돼"라고 말하며 계속 울었습니다.

결국 그는 자동적으로 "괜찮아"라며 그녀를 달랬고, 웃으며 눈앞에 있는 요리를 계속 먹을 수밖에 없었습니다. 그러자 그녀가 "미안해. 이런 요리 안 먹어도 돼"라며 말을 하니 조금 짜증이 났습니다. 음식을 아깝게 버릴 거냐고 따지고 싶었지만 울고 있는 사람에게 그런 말을 할 수 없으니 억지로 계속 먹었고, 그녀는 "미안해"라고 말하면서도 음식에 손을 대지 않았기에 그는 굉장히 떨떠름한 기분이 들었습니다.

실패해서 버려질지도 모른다는
연인의 외로움

그런데 그녀를 외로움이라는 관점으로 보면 흥미로운 점이 보입니다. 실패해서 버려질지도 모른다는 외로움이 있기 때문은 아닐까? 단순하게 생각될 것입니다. 울어서 약점을 보이면 상대방이 자신의 약점을 용서해주고 외로움이 해소되기 때문에 우는 것처럼 보이기도 합니다.

하지만 '외로움이라는 색의 선글라스'로 울고 있는 그녀를 보면, 우는 연기를 하고 있는 그녀 자신을 차가운 눈으로 바라보고 있는 또 한 명의 그녀의 모습이 보입니다.

연기를 하고 있는 스스로를 보고 있는 그녀는 '이렇게 차가운 나는 아무도 받아들일 수 없어'라는 외로움을 갖고 있습니다.

그래서 진짜 자신과는 정반대인 인격을 연기하는데, 어차피 그것도 연기이기 때문에 아무리 울어도 외로움은 해소되지 않는다는 것은 잘 알고 있습니다.

그렇기 때문에 차가운 눈으로 바라보는 그녀는 결코 이

외로움이 해소되지 않는다는 것을 알고 있습니다. 따라서 약한 모습을 연기하는 자신을 점점 차가운 눈으로 보게 되고, 결국 외로움이 늘어나는 악순환에 빠지고 맙니다.

돌이켜보면 눈물로 얼버무리는 사람은 눈물을 흘리고 있는데도 어딘가 굉장히 차갑다는 느낌이 들었습니다. 그 차가운 눈의 또 한 명의 연인이 외로움을 느끼고 있고, 그것을 아무도 받아주지 않기 때문에 정반대의 인격을 만들어내 외로움을 없애려고 한 것입니다.

하지만 차가운 눈을 한 그녀가 보기 흉하게 울고 있는 자신을 냉정하게 보기 때문에 외로움이 커져버린 것입니다. '외로움이라는 색의 선글라스'로 울고 있는 그녀를 보았을 때, 그 뒤에 차가운 눈으로 울고 있는 자신의 모습을 보고 있는 그녀가 보였습니다.

하지만 그는 그녀를 보고 '나는 이 사람의 외로움을 해소할 수 없다'고 생각했습니다. 왜냐하면 자신도 그녀와 똑같이 마음속으로는 차가운 눈을 한 채로 울고 있는 연인을 눈앞에 두고 있는 자신을 보았기 때문입니다.

'외로움이라는 색의 선글라스'로 울고 있는 연인을 보면

차가운 눈으로 '우는 연기'를 하고 있는 자신을 바라보는
또 다른 모습의 연인이 보입니다.

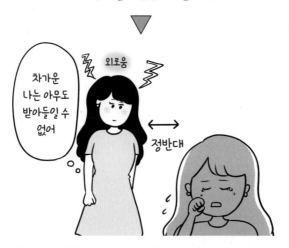

차가운 자신과 정반대인 자신을 연기하고 있기 때문에
아무리 울어도 외로움은 해소되지 않습니다.

각자 외로움을 갖고 있어도
함께 있을 수 있다

그는 자신도 연인과 똑같이 해소되지 않는 외로움을 안고 있기 때문에 무엇을 해도 차가운 눈으로 보게 되고, 그걸 들키면 연인에게 미움을 받을 것이라고 생각하기 때문에 동요하고 있는 연기를 하는 것입니다.

그렇게 해도 자신의 외로움이 해소되지 않는다는 것을 알았기 때문에 '자신도 연인과 똑같이 외로움을 느끼고 있다'는 것을 알 수 있었습니다.

그는 결국 '연인의 외로움은 해소할 수 없다'고 확신했을 때부터 연인의 앞에서 동요하는 연기를 그만두었습니다. 연인도 자신과 똑같이 외로움을 느끼고 있다고 생각해도 더이상 연인의 기분을 생각할 필요가 없어졌습니다. 왜냐하면 자신과 똑같이 외로움을 안고 있고 항상 차가운 눈으로 스스로를 보고 있다는 것을 알았기 때문입니다. 그걸 알게 되면 자신도 연기를 할 필요가 없어지고, 연인 앞에서 있는 그대로의 자신의 모습을 보일 수 있게 됩니다.

있는 그대로의 나여도
괜찮다

연인 앞에서 있는 그대로의 모습으로 냉정하고 담담하게 있으면 이상하게 연인도 있는 그대로의 자신을 보이게 되고, 둘 다 담담할 수 있습니다. 자신의 외로움도 상대방의 외로움도 어떻게 할 수 없기 때문에 담담하게 함께 있을 뿐이지만 어느샌가 이상한 안도감이 두 사람 사이에 자리를 잡습니다.

그것은 외로움을 갖고 있어도 함께 있을 수 있다는 안도감입니다. 그리고 서로의 외로움을 바라볼 때 아무것도 바꿀 필요가 없다는 기쁨을 느낄 수 있습니다.

인사를 해도
무시하는 회사 선배

'외로움이라는 색의 선글라스'로 선배를 보면
선배의 외로움이 비로소 선명하게 보이게 됩니다.

그녀는 회사에서 선배를 발견하고 "수고하셨습니다"라고
말을 걸었습니다. 그런데 선배가 자신을 못 본 건가 싶을 정
도로 그녀는 완전히 무시당했습니다.

이상함을 느낀 그녀가 이번에는 선배에게 직접 다가가
"수고하셨습니다"라고 말했음에도 불구하고 또다시 그녀는
무시당했고, 마치 자신의 존재가 눈앞에 없는 것처럼 선배는
쌩- 가버렸습니다.

그녀는 '뭐야, 내가 무슨 잘못이라도 했나?'라고 동요하며 망치로 머리를 한 대 맞은 것 같은 충격을 받았습니다. '혹시 일을 선배에게 상담하지 않았던 것에 화가 난 건가?' '요즘 선배에게 근황을 보고하지 않아서 미움을 받은 것인가?'라며 이런 저런 생각을 했습니다.

그러자 '그때 제대로 선배에게 일에 대해 상담을 했어야 했어' '일이 잘 되지 않았을 때 선배에게 보고하고 감사하다고 했어야 했나?' 하는 후회의 마음이 덮쳐왔습니다. 그리고 자신이 선배에게 불만이 있다는 것을 누군가가 멋대로 선배에게 전한 것일까, 하는 의심까지 들었습니다. 그렇게 점점 회사 동료들을 의심하게 되었습니다.

왜 이렇게까지 선배를
신경 써야 하는 걸까?

그러자 그녀는 왜 이렇게까지 자신이 선배를 신경 써야 하는지 이해가 안 돼 분노가 치밀었고, 인사를 하는데도 무시하다니 너무 무례한 거 아닌가 싶어 화가 났습니다.

하지만 화가 조금 풀리자 이대로 선배에게 미움을 받으면 회사에 계속 있지 못할 것이라는 불안이 다가왔습니다. 그리고 선배와의 관계를 어떻게 하면 좋을지에 대해 고민하게 되었습니다. 분노가 치밀거나, 불안해지거나 반성을 하기도 했지만 머릿속이 빙빙 돌면서 생각이 멈추지 않았습니다.

집으로 돌아가도 계속 똑같은 생각을 했고, 선배가 머릿속에서 떠나지 않아 기분이 너무 나빴습니다. 그때 '외로움이라는 색의 선글라스'로 선배를 보았더니 흥미로운 점이 보였습니다.

선배는 오랫동안 일을 해왔기 때문에 그만큼 일도 잘하고 가족도 있어서 '외로울 리가 없다'고 생각했습니다. 하지만 '외로움의 색을 식별하자'고 생각해보니 '나만 남겨지는 외로움'이라는 것이 떠올랐습니다.

그녀는 '선배에게 인정받고 싶다' '선배처럼 일을 잘하고 싶다'라고 생각하며 열심히 일을 해왔습니다. 그것을 '외로움이라는 색의 선글라스'로 보니 그녀가 인정받고 싶다는 생각에 열심히 하면 할수록 선배는 '자신이 남겨지는 외로움'을 느꼈다는 것을 알 수 있었습니다.

그것은 선배의 가정에서도 마찬가지입니다. 아이들은 점점 성장해서 부모를 필요로 하지 않게 되고, 독립하게 됩니다. 그때, 이렇게 가족을 위해 열심히 노력했는데 아무도 감사해하지 않고, 다들 자유롭게 날아가 자신만 남겨졌다는 외로움을 느끼는 것입니다. 회사 안에서도 마찬가지로 후배를 열심히 키웠지만 다들 자기에게서 떠나버려 외로움을 느낀 것입니다.

그런 외로움을 느끼는 것을 부정하기 때문에 선배는 그녀를 무시함으로써 그녀가 선배의 곁에서 떠나버렸을 때에 느낄 외로움을 방지한다는 것이 보였습니다. 저는 선배를 내버려둔다든지 얕본다는 마음은 조금도 없었지만 '선배에게 무슨 잘못을 했나?'라고 신경을 썼을 때부터 선배보다 우위에 서게 되었고, 선배에게 '나만 남겨지는 외로움'을 느끼게 했던 것입니다.

그렇게 선배의 비위를 맞추고, 다시 인사를 받으려면 어떻게 하면 좋을지 대책을 생각하는 것 자체가 '선배를 얕보는' 것이 된다는 것을 깨달았습니다.

내가 느끼는 외로움과
선배가 느끼는 외로움을 구분하자

　선배가 외로움을 예행연습하고 그녀의 인사를 무시하는
것은 선배에게 필요한 것이기에 그것을 바꿀 필요는 없을지
도 모른다고 생각했습니다. 인사를 해도 대답이 돌아오지 않
는다는 데서 그녀가 느꼈던 외로움은 선배가 느끼고 있는 외
로움이었습니다. 그녀가 선배를 뛰어넘어 선배의 곁에서 떠
났을 때를 위한 예행연습으로 외로움을 느끼면서 다음 스테
이지를 준비하는 것입니다.

　갑자기 후배가 떠나 혼자 남겨져 외로움을 느끼는 것보다
는 몇 번이고 예행연습을 해서 익숙해지는 편이 자기 안의 외
로움과 사이가 좋아지는 방법인 것 같습니다. 외로움이라는
관점으로 그녀가 선배를 보니 인사를 하지 않음으로써 외로
움을 예행연습하고 있다는 것이 보였습니다. 그것은 선배 자
신의 외로움과 마주하기 위한 예행연습이지만 동시에 '선배'
라는 존재를 잃었을 때의 그녀 자신의 외로움과 마주하는 연
습일지도 모른다는 것을 깨달을 수 있었습니다.

후배를 열심히 돌봤는데 자신의 곁에서 다들 떠나버리고

외로움을 느낍니다

선배는 후배를 무시함으로써 후배가 떠났을 때에 느낄

외로움을 미리 예상하는 것입니다

어느샌가 성장해버린 아이들이 떠났을 때를 생각하면 그 외로움 때문에 말이 없어집니다. 자립한 아이들이나 후배들이 자유롭게 날아다닐 수 있게 되면 그 외로움을 통해 하나의 성취감을 얻을 수 있는 것일지도 모릅니다.

선배는 그 성취감을 지금부터 얻으려고 하는 것입니다. 그리고 그녀도 자신이 선배와 똑같은 입장이 되었을 때 느낄 외로움을 선배와 똑같이 성취감이라고 생각할 수 있을까 생각해봤더니 묘하게 무시를 하는 선배를 존경할 수 있을 것 같은 기분도 들었습니다.

그런 마음으로 회사에서 선배와 얼굴을 마주하고 "수고하셨습니다"라고 말을 걸었을 때 선배의 외로움에 대한 존경심이 거기에 담긴 것 같은 기분이 들었습니다. 그러자 선배의 입에서 작게 "그래"라는 대답이 돌아왔습니다.

아직 외로움의 예행연습이 필요할지도 모르지만 언젠가 내가 떠났을 때 느낄 선배의 외로움이 나에게는 묘하게 멋져 보였습니다.

CHECK POINT!

• 반성하지 않으면 상대방의 외로움을 자극하지 않을까 생각하기 쉽지만 그것은 착각일 뿐이며, 반성하지 않는 것이 상대방과 '대등한 관계'를 만듭니다.

• 동료가 직장에서 내 의견을 강하게 반론할 때도 '고마운 그의 외로움'이라고 생각하고 흘려들으면 어느새 그도 더이상 반론을 하지 않을 것입니다.

• 남편이 아내에게 가치관을 강요하는 것은 어쩌면 자신의 외로움으로 인해 발작을 일으키기 때문일지도 모릅니다.

• 연인도 자신과 똑같이 외로움을 느끼고 있다는 것을 알게 되면 연인 앞에서 연기하지 않고 있는 그대로의 자신의 모습을 보일 수 있게 됩니다.

• 인사를 해도 대답이 돌아오지 않는다는 데서 그녀가 느꼈던 외로움은 선배가 느끼고 있는 외로움입니다.

■ **독자 여러분의 소중한 원고를 기다립니다**

메이트북스는 독자 여러분의 소중한 원고를 기다리고 있습니다. 집필을 끝냈거나 집필중인 원고가 있으신 분은 khg0109@hanmail.net으로 원고의 간단한 기획의도와 개요, 연락처 등과 함께 보내주시면 최대한 빨리 검토한 후에 연락드리겠습니다. 머뭇거리지 마시고 언제라도 메이트북스의 문을 두드리시면 반갑게 맞이하겠습니다.

■ **메이트북스 SNS는 보물창고입니다**

메이트북스 홈페이지 www.matebooks.co.kr

책에 대한 칼럼 및 신간정보, 베스트셀러 및 스테디셀러 정보뿐만 아니라 저자의 인터뷰 및 책 소개 동영상을 보실 수 있습니다.

메이트북스 유튜브 bit.ly/2qXrcUb

활발하게 업로드되는 저자의 인터뷰, 책 소개 동영상을 통해 책에서는 접할 수 없었던 입체적인 정보들을 경험하실 수 있습니다.

메이트북스 블로그 blog.naver.com/1n1media

1분 전문가 칼럼, 화제의 책, 화제의 동영상 등 독자 여러분을 위해 다양한 콘텐츠를 매일 올리고 있습니다.

메이트북스 네이버 포스트 post.naver.com/1n1media

도서 내용을 재구성해 만든 블로그형, 카드뉴스형 포스트를 통해 유익하고 통찰력 있는 정보들을 경험하실 수 있습니다.

STEP 1. 네이버 검색창 옆의 카메라 모양 아이콘을 누르세요. STEP 2. 스마트렌즈를 통해 각 QR코드를 스캔하시면 됩니다. STEP 3. 팝업창을 누르시면 메이트북스의 SNS가 나옵니다.